페미니즘 철학과 영화 분석

김영숙 지음

바른책

차례

2부

서문

페미니즘 논의가 우리 사회에 본격적으로 이루어진 지도 벌써 2, 30년이 흘렀다. 필자가 대학에 다닌 시절에는 감히 상상하지도 못했던 많은 변화가 있었다. 그전엔 거의 미미했던, 페미니즘 관련 도서가 쏟아져 나왔고, 모든 대학 교양 강의에서 페미니즘 강의가 당당히 한 부분을 차지하고 있으며, 대표적인 대중문화인 TV와 영화에서도 페미니즘 주제가 심심치 않게 다루어지고 있다.

그럼에도 불구하고 우리 사회에서 페미니즘 논의는 아직도 미국과 유럽의 선진 이론을 수입하는 단계에서 크게 벗어나지 못하고 있는 실정이다. 페미니즘의 철학적 주제들에 대해 관심을 가져온 필자가 그동안 써온 세 편의 논문을 모아 보았다. 이 세 편의 논문은 포스트모더니즘의 주요한 한 경향으로서의 페미니즘이 갖는 위상과 의미, 가부장제 하에서 성정체성의 문제, 성정체성 형성과 관련한 프로이드 이론에 대한 비판 등을 다루었다. 부족한 이 논문들이 앞으로 우리 사회에서 페미니즘의 논의의 발전에 조금이나마 도움이 되길 바라는 마음이다.

2부에서는 여성 문제를 본격적으로 다룬 대중 영화들을 인문학적 관점에서 분석한 글들을 모아 놓았다. 페미니즘 영화 작품을 갖고 구체적으로 분석한 글이기 때문에 1부에서 언급한 이론적 입장과 직접적 .연관이 있는 것은 아니지만, 1부에서 다룬 이론들을 간접적으로나마 다양한 각도에서 되씹어 볼 기회가 될 수 있지 않을까 한다.

이제 페미니즘은 크고 작은 안팎의 시련에도 불구하고 새로운 시대의 아이콘이 되어 있다. 새로운 페미니즘적 시각이 인류 사회와 우리 사회의 복지와 인권, 평화와 안녕에 일정한 기여할 수 있기를 기도해 본다.

1.

마르크스의 인격 개념을 통해 본,
여성과 남성의 성정체성

서문

마르크스는 인간을 '사회적 제 관계를 기반으로 한 활동성'으로 보고 있다. 따라서 마르크스에 따르면 개개인의 인격은 그가 놓여 있는 사회적 제 관계에 의해 일차적으로 규정받으면서 동시에 그 개인이 참여하고 있는 활동, 특히 노동에 의해 형성되어진다. 이런 측면에서 바라볼 때 인류 역사상 가장 오래된 사회 제도라 할 수 있는 가부장제 사회 속에서 여성과 남성은 주로 사적 노동과 사회적 노동을 각각 담당해옴으로써 서로 다른 정체성을 형성해 왔다. 필자는 논문 「마르크스 철학의 인격 개념을 통해 본, 여성과 남성의 성정체성」에서 이 문제를 성체성에 대한 심리학적 접근방식과 대비하여 살펴보았다.

남성은 사회적 노동을 담당하는 과정 중에 합리성, 용기, 정의 등 남성적 덕목, 내지 가치를 발달시켜왔음에 반해, 여성은 가사나 육아 등 사적 노동을 담당하는 과정 중에 배려, 책임 등 여성적 덕목, 내지 가치를 발달시켜 왔다. 논문 「'지배하는 이성'과 '배려하는 이성'이라는 개념 쌍을 통해 본 영화 〈피아노〉」에서 이러한 기본 입장 위에서 영화 〈피아노〉에 나타난 두 남성을 비교 고찰함으로써 제인 캠피온 감독이 추구하는 새로운 사랑의 모습을 추적해 보았다.

또한 논문 「울프의 양성적 인간관과 페미니즘적 주체의 문제(『올란도』를 중심으로)」에서는 이러한 기본 입장 위에서 버지니아 울프가 추구하는 새로운 인간상의 문제를 분석해 보았다.

I. 서론

가부장제는 인류 사회에서 가장 오래된 사회제도이다. 비록 가부장제가 지난 세기 말부터 급격히 흔들리고 있지만, 사회적 공감대가 형성된, 새로운 대안이 확실하게 마련되지 않은 상태에서 가부장제는 내용과 형식만 조금 달라졌을 뿐 여전히 강력한 힘을 발휘하고 있다. 우리 사회에서도 완고한 형태의 가부장제인 호주제가 2008년에 비로소 완전히 폐지되었으니 불과 십년도 채 지나지 않은 상태다. 그러나 현실적으로 우리 사회에서 호주제라는 형식적 법제도가 바뀌었지만 너무나 다양하고 광범위한 가부장제적 사회 제도와 문화, 그리고 전통적으로 내려온 뿌리 깊은 의식 때문에 가부장제의 잔재는 언제 어디서나 쉽게 목격될 수 있다.

이처럼 강건한 가부장제 사회에서 여성과 남성은 예외는 있다손 치더라도 서로 다른 일정한 성정체성을 보여 준다. 예컨대 보통 사람들의 성별 고정 관념에 대한 Bem의 성역할 검사에 따르면 남성은 독립적, 객관적, 경쟁적, 모험적, 자기 확신과 야망을 갖고 있는 반면, 여성은 의존적, 주관적, 비경쟁적이며, 모험이나 자기 확신과 야망을 갖고 있지 않다. 이와 유사하게 심리학자인 길리건은 남성은 냉철, 인내, 자립, 합리성 등을, 여성들은 이해와 포용, 배려와 책임감이라는 서로 다른 성정체성을 보여준다고 한다. 또한 남성들은 추상적 지식이나 사회적 성공과 권력과 같이 현실적인 가치들에 대한 지향성을 보여주는 반면, 여성들은 예술과 종교와 같은 정신적인 가치들에 대한 지향성을 보여준다. 그리고 여성과 남성은 실제적인 능력에 있어서도 일정한 차이를 드러내는데, 여성이 주로 두뇌의 왼쪽을 사용하는 언어 능력이 뛰어나다면, 남성은 추리 능력과 공간 감각, 기계 조작 능력에서 더 우월한 경향이 있다.

이와 같이 서로 다른 여성과 남성의 성정체성의 차이에 대해 심리학자들은 어렸을 때 여자아이와 남자아이가 심리적으로 성장하는 과정의 차이를 통해 일정한 설명을 제공했다. 예컨대 프로이드는 페니스의 유무와 초자아의 형성 유무를 통해 여자아이와 남자아이의 서로 다른 심리 형성 과정을 설명했고, 낸시 초도로우는 최초에 유아가 심리적 애정을 느끼게 되는 존재가 엄마나 할머니와 같이 여성이라는 측면에 주목하여 여자아이와 남자아이의 자아 형성의 차이를 해명했다.

포스트모던 시대인 현재 시점에서 봤을 때 마르크스의 이론은 실패한 혁명이론이자, 독단적 역사철학이론이다. 그러나 필자는 마르크스의 사회철학에 대한 평가를 떠나, 그의 인간에 대한 이해는 여전히 활용할 가치가 상당하며, 특히 성정체성 문제를 접근하는 데 매우 유익한 도구를 제공할 수 있다고 본다.

본 논문은 이들의 이론의 한계와 문제점을 각각 지적하고, 마르크스 철학의 인격 개념이 보다 근본적이고, 그들 이론을 보완해 줄 수 있음을 밝히고자 한다. 다시 말해 마르크스 철학의 인격 개념을 통해 여성과 남성의 성정체성의 차이를 설명함으로써 심리학적 접근방법이 설명하지 못하는 부분들을 볼 수 있는 시각과 성정체성을 바라보는 확실한 철학적 발판을 제공함으로써 성정체성을 둘러싼 다양한 논의에 일정한 기여를 하고자 한다.

II. 마르크스 철학에 있어서 인격 개념

서양 철학사 전반에 걸쳐 개인(person)은 동물과 구별되는 이성적 존재자로서의 개별자를 의미하는데, 이때 이성의 의미가 윤리적 색체를 띄게 되면서 personality(개성, 또는 인격)는 인격과 같은, 주로 윤리적인 의미로 사용되었다. 또한 person은 라틴어인 〈persona〉가 일정한 사회 내에서의 신분이라는 의미로 사용되었던 전통 위에서 넓게는 사회적으로, 좁게는 법률적으로 승인된, 사회적 또는 법률적 주체를 의미한다. 따라서 이때 personality는 승인된 개별성을 지칭한다. 마지막으로 personality라는 용어는 근대 이후에 성립된 심리학 일반에서 많이 다루어져 왔는데, 이때 personality은 구체적인 개인의 심리적 특성 및 유형을 나타내는 말로 주로 사용되어 왔다.[1]

마르크스는 자신의 저서 속에서 인간의 문제를 체계적으로 다루지는 않았지만, 그의 철학 전반에 걸쳐 독특한 인간이해 방식을 드러낸다. 제일 먼저 마르크스는 인간을 '사회적 제 관계의 총체'로 파악한다.[2] 마르크스는 사회 구성원들의 상호 이해가 근본적으로 대립하는 사회를 계급사회로 파악한다. 따라서 마르크스에 따르면 계급사회 안에서 개개인은 무엇보다 계급적 구성원으로 존재한다. 다음으로 인간의 사회에 의한 피규정성에 대한 마르크스의 논의에 있어서 중요한 위치를 차지하는 것이 이데올로기이다. 마르크스에 따르면 인간은 일정한 사회적 제 관계 속에서 삶을 영위하는 과정에서 자기의 현실적 삶을 반영해 냄으로써 이데올로기를 만들어 내게 되는데, 인간 개개인은 유년기에 교육을 통해 이러한 이데올로기를 내면화시킨다.

또한 마르크스에 따르면 인간은 '자기 스스로를 통해 자기 탄생에 대한, 자기의 성립과정에 대한 명백하고도 부정할 수 없는 증명을 갖는다.'[3] 이때 인간 스스로가 '자기 탄생'과 '자기의 성립과정'에 대한 원인자라고 했을 때 그 원인자가 바로 인간 자신의 활동이다. 다시 말해 인류는 끊임없이 활동의 과정을 통해 현재의 인간 자신을 형성시켜 왔다는 것이다.

마르크스에 따르면 개인 그 자신은 그가 자기의 삶을 표현하는바 그대로이며, 자기의 삶을 표현하는 것이란 그 개인이 활동하는 바를 의미하고, 그 개인의 활동 중에서도 가장 근본적인 것은 노동활동이다. 그리고 이때 마르크스가 개인 그 자신의 본질이 그의 생산 활동이라고 언급한 것은 바로 개개인이 수행하는 노동의 종류와 특성이 그 개인의 사고나 제 기능 및 능력에 결정적인 영향을 주기 때문이다.

"인간이 자기의 생존수단을 생산하는 방식은 그것이 단순히 개인들의 육체적인 존재를 재생산하는 것이라는 관점으로만 고찰해서는 안된다. 그것은 오히려 이러한 개인들이 활동하는 특정한 양식이며, 결국 각자의 특정한 삶의 방식이다. 개인들이 자기의 삶을 표현하는 그것이 바로 그 자신이다. 개인의 본질은 그들의 생산 활동, 즉 그들이 생산하는 것, 그리고 그들이 생산하는 방식과 동일하다."[4]

이와 같이 마르크스는 개인의 본질, 즉 인격을 '사회적 제 관계를 기반으로 한 활동성'으로 규정하고 있다. 그런데 마르크스 철학에 있어서 활동성 개념은 노동 개념을 가장 핵심적인 것으로 포함하는 보다 더 포괄적인 개념이며, 자연적인 것과 사회적인 것의 상호연결 및 통일적 작용을 설명해 주는 핵심적 고리가 된다. 즉 최초의 인류는 자연적인 제 욕구를 충족시키기 위해 노동을 함으로써 기존의 욕구를 만족시키고 새로운 욕구를 창출하는데, 개개의 인간은 일정한 사회적 조건 속에서 과거 인류의 활동의 결과물 (예컨대 생산력과 생산관계, 언어나 도구 및 규범들)을 자기의 것으로 습득, 내지 전유(專有)함으로써 한편으로는 사회적 존재로서의 다양한 욕구를 갖게 되며, 다른 한편으로는 동물과 다른 인간으로서의 제 기능을 획득하게 된다. 물론 이때 사회적 존재로서의 다양한 욕구는 인간의 원초적인 자연적 제 욕구에 뿌리를 둔 것이며, 인간으로서의 제 기능이란 인간의 자연적인 잠재적 제 능력이 개발된 것이다. 이와 같이 마르크스는 사회적 존재로서의 다양한 욕구나 인간으로서의 제 기능은 과거 인류가 행한 노동 또는 활동을 배제하고서는 성립하기 어려운 것으로 보고 있다.

또한 인간은 직접적으로 자기의 욕구를 충족시키는 것이 아니라, 사회적 총 생산에 가담함으로써만, 자기의 노동의 댓가를 사회적 제 관계를 매개로 해서 얻어냄으로써만 비로소 자기의 욕구를 충족시킬 수 있기 때문에 자기의 자연적인 잠재적 제 소질을 사회적으로 유의미한 기능으로 발휘해야 하며, 사회적으로 요구되는 일정한 기능을 행사하는 활동과정을 통해 자기의 독특한 인격을 형성시켜 나간다.

결국 마르크스 철학에 있어서 인간을 실질적으로 형성시키는 것은 욕구나 의식(또는 자기 의지)이라기보다는 활동성이다. 즉 마르크스 철학의 인격 개념에 있어서 욕구나 의식, 또는 자유의지나 자기의식은 모두 다 인간의 활동성과의 연관 속에서 설명되어지며, 활동성의 한 계기로서 규정된다. 이러한 마르크스의 활동성을 중심으로 한 인격에 대한 접근방식은 인격을 독립적인 정신적 실체로 간주하는 관념론적 접근방식이나 본능적 욕구를 중심으로 인격을 설명하는 본능론적 접근방식보다 합리적이고 현실적이며, 보다 포괄적인 시각을 제공해 준다고 판단된다.

그런데 인간의 활동이 언제나 일정한 사회 속에서의 활동이라 할지라도 활동은 그 자체 독자적인 구조를 가지고 있다. 마르크스는 활동성을 근본적으로 '대상화작용'(Gegenständlichung)으로 파악하고 있다. '대상화작용'이란 자기 자신을 대상 세계 속에서 객관적으로 실현시키는 행위를 의미한다. 자기실현과정, 즉 대상화작용으로서의 활동은 일차적으로 활동을 수행하는 한 인간의 일정한 내적 의도를 전제로 한다. 그리고 이때 일정한 의도를 실현하려고 한다는 점에서 활동은 합목적적 행위이며, 무엇보다 의식적인 행위이다. 마르크스는 이와 같이 인간은 근본적으로 욕구를 만족시키기 위해 활동을 하지만, 활동이 시작되는 것은 욕구의 직접적인 충족을 벗어남으로써 비로소 가능하게 된다고 본다.[5] 마르크스는 '의식적인 것'을 [강요]에서 '개인의 창조적 잠재성'[6]으로 표현하고 있다. 결국 마르크스에 따르면 인간 개개인은 사회적 제 관계의 기반 위에서 자기의 창조적 잠재성으로부터 나오는 의식적인 활동의 무수한 과정을 거쳐 독특한 그 자신의 개성을 형성하게 되는 것이다. 그러나 마르크스가 활동성, 혹은 노동 개념을 자기실현과정으로 파악할 때 이것을 나이브한 개념으로 바라보지는 않았다.

"노동은 개인의 자기실현으로 되는 바, 이는 결코 푸리에가 마치 여자 점원처럼 순진하게 상정하듯이, 단순한 즐거움이나 단순한 오락이 된다는 것을 의미하는 것이 아니다. 예컨대 작곡활동과 같이 진정으로 자유로운 작업도 동시에 가장 넌더리나는 진지함과 가장 견디기 어려운 격렬한 노력과 열중을 필요로 하는 것이다."[7]

III. 마르크스 철학의 인격 개념을 통해 본 여성의 성정체성

이제 마르크스 철학의 인격 개념인 '사회적 제 관계의 총체성을 기반
으로 한 활동성' 개념을 가지고 여성과 남성의 성정체성의 형성과정과
연결시켜 논의해 보자. 역사상 가장 오래된 사회제도인 가부장제 아래
에서 인간의 personality는 제일 먼저 여성과 남성의 성정체성에 의
해 규정된다. 한 집안 내부의 권력이 가장 한 사람에게 주어지는 가부
장제가 수 천 년 동안 이어져 내려오면서 가정을 포함한 사회 전반은
가부장제적 문화에 의해 뿌리 깊게 물들어져 왔다. 따라서 인간의 사
회적 제 관계에 의한 피규정성은 계급적 구성원으로서 존재한다는 좁
은 의미 이전에 권력자, 내지 부양자로서의 남성과 종속자, 내지 피부
양자로서의 여성이라는 더 기초적인 의미를 갖는다. 그리고 이러한 현
실적인 관계는 가부장제 이데올로기라는 정신적 요소에 의해 보완되
거나 강화된다.

  그런데 여성과 남성의 성정체성의 형성과정에 있어서 가장 중요한
것은 바로 활동성, 내지 노동이다. 여성과 남성의 생물학적 차이는 고
도의 과학문명과 기술생산이 발달하지 못했던 이전 시대에 있어서 여
성과 남성의 노동의 차이를 낳았다. 다시 말해 남성이 사회가 필요로
하는, 공적 영역 속에서 사회적 노동을 주로 담당해 왔다면, 여성은
대부분 가정 내에서 생물학적 재생산을 담당하는 사적 노동, 즉 가사

와 육아를 담당해 왔다.

이전 시대에 남성이 주로 담당해 온 사회적 노동은 여성이 담당해 온 사적 노동과는 질적으로 아주 상이한 것이다. 사회적 노동은 좁은 영역에서 이루어지는 것이 아니라 자연이나 사회 전반, 또는 일정한 조직 등 광범위한 공적 영역에서 이뤄지는 것이기 때문에 사회적 노동이 필요로 하는 인간의 기능이나 능력, 그리고 사회적 노동이 발전시켜낸 인간의 기능이나 능력은 사적 노동이 필요로 하는, 그리고 사적 노동이 발전시켜낸 것들과는 완전히 다르다. 사회적 노동이 담당하는 대상 세계는 그것이 댐 건설과 같은 자연개발이나 정치조직 형성이나 공장 운영 등 그 어떤 것이든 좁은 영역에서 이루어지는 것이 아니기 때문에, 사회적 노동은 그 자체 나의 주관적인 욕구나 감정을 벗어나 냉철하고 합리적이며, 고도로 추상적이고 보편적인 사유를 필요로 하고, 이러한 것들을 발전시킨다. 이와는 달리 가사와 육아라는 사적 노동은 가족이라는 좁은 영역 안에서 몇 명 안 되는 가족 구성원을 대상으로 이루어지는 노동이다. 사적 노동이 요구하는 기능은 주로 다른 가족 구성원의 욕구를 충족시켜주고, 그들을 위해 개인적 서비스를 제공하는 일이다. 이러한 사적 노동은 고도의 추상적이고 보편적인 사유나, 냉철하고 합리적인 사고방식을 필요로 하지 않는다. 예컨대 홍수 범람을 막기 위한 추상적이고 기하학적인 지식이나 사회 구성원 전체를 대상으로 하는 법 제정을 위한 논리적이고 보편적인 사유, 혹은 권력이나 정부의 조직을 만드는 데 필요한 합리적 사유는 소수의 구체적 개인들을 위한 가사 운영에는 필요하지 않다. 가사나 육아 노동이 필요로 하는 것은 다른 가족 구성원들의 다양한 욕구에 대한 관심과 배려, 이해와 포용이다.

페미니스트 이론의 역사에서 기념비적 저작이라 할 수 있는 『다른 목소리로』에서 길리건은 소녀들과 여성들이 도덕적 문제에 소년들과 다르게 접근하는 것을 경험적으로 논증해 냄으로써 도덕감의 최고 단계를 보편적인 도덕 법칙에 따르는 정의감으로 본 콜버그의 이론에 이의를 제기한다. 길리건은 전통적으로 철학사 속에서 관심과 배려, 이해와 포용 등과 같은 여성적 덕목들이 간과되고, 정의나 평등과 같은 남성적 덕목들만이 다루어지고, '정의의 관점'에 윤리적 특권이 부여되어 왔던 점을 날카롭게 비판한다.

근대 시민사회에 있어서 서구의 윤리학자들은 보편성을 추구하는 이성 능력에 기반 한 '정의의 관점'에서 윤리 문제를 다루었다. '정의의 관점'은 애초부터 남성보다 열등한 이성 능력과 도덕적 자율성을 가진 여성을 배제시킨 공공 영역에서의 공정성을 확립하기 위한 것이다. 현실적인 관점에서 보자면 '정의의 관점'이란 여성을 제외한 남성들 사이의 합리적 계약을 맺어나가는 데 필요한 최소한의 공적 윤리를 반영한 것이다. 바로 이러한 관점에서 로렌스 블룸(Lawrence Blum)은 정의의 윤리학을 남성들의 법적, 행정적 관점, 특히 전문적, 행정적 계급의 관심사를 반영한 것으로 파악한다.[8]

남성들이 정의의 문제에 여성보다 더 관심을 갖고 있고, 더 높은, 정의의 감각과 윤리를 갖고 있는 것, 그리고 여성들이 배려의 문제에 더 주목하고, 더 높은, 이해와 배려의 감각과 윤리를 갖고 있는 것은 남성과 여성이 담당하는 노동의 차이에서 비롯된 것이다. 여성들이 담당하는 사적 노동은 구체적 이해와 배려의 감각과 윤리를 필요로 하고 강화시키며, 남성들이 담당하는 공적 노동은 추상적 사유와 보편적 정의의 감각과 윤리를 필요로 하고 강화시킨다.

앞에서 언급했듯이 남성이 독립적이고 경쟁적이며, 모험과 자기 확신과 야망을 갖고 있고, 여성이 의존적이며 비경쟁적이며, 모험과 자기 확신과 야망을 갖고 있지 못한 것도 남성과 여성이 담당해 왔던 노동의 차이에서 설명 가능하다. 여성이 행해왔던 사적 노동은 소수의 가족 구성원의 욕구에 민감한 노동이기 때문에 노동의 특성상 타인에 의존적인 것이고 경쟁할 대상도 경쟁할 이유도 없는 것이며, 특별히 모험적인 것도 아니고 타자의 욕구를 들어줘야 하는 수동적인 것으로서 자기 확신이 도움이 되기보다는 방해가 되는 것으로 더 올라가야 할 곳도, 더 내려올 곳도 없는, 애초에 야망하고는 거리가 먼 것이다.

또한 남성이 여성보다 공간 감각과 현실 감각이 뛰어나고, 여성이 언어 감각과 예술, 종교 감각이 뛰어나다는 것도 남성과 여성의 노동의 차이에서 설명 가능하다. 남성은 사회라고 하는 광범위한 영역에서 노동을 하기 때문에 통상적으로 여성보다 더 발달된 공간 감각을 갖고 있으며, 사회 속에서 자기의 능력을 발휘하고 그에 따른 재화와 같은 현실적 성과물을 획득해야 하므로 현실적 감각이 발달할 수밖에 없다. 이와 달리 여성의 사적 노동은 다른 구성원과의 끊임없는 대화를 통해 그들의 욕망을 알아내고 그들의 욕구를 충족시켜 줌으로써 그들의 복지에 기여하는 노동이다. 따라서 여성은 사적 의사소통의 수단으로서의 언어 능력이 발달하고, 욕망을 둘러싼 인간의 감정 문제에 민감하다. 여성이 가정이라는 공간에서 자기의 몫을 확보해 내는 현실적 이해와 감각을 기른다는 것은 매우 제한적인 것일 수밖에 없다.

IV. 성정체성을 둘러싼 심리학 이론들에 대하여

성정체성을 설명하는 가장 대표적인 심리학 이론은 프로이드의 '오이디푸스 이론'과 낸시 초도로우의 이론일 것이다. 두 이론 다 여자 어린아이와 남자 아이가 자라나는 과정에서 자기의 성정체성을 획득해나가는 과정을 엄마와 아빠의 성을 자기의 성과 동일시하는 과정으로 설명한다는 점에서 동일시 이론이라 불린다.

　프로이드는 여자 아이, 혹은 남자 아이가 자기의 성이 다른 성을 가진 아이와 다르다는 것을 자각하는 지점을 페니스의 유무에서 찾는다. 즉 프로이드에 따르면 남자 아이의 경우 자기보다 거대한 힘을 가진 아버지가 페니스를 거세할 수 있기 때문에 엄마에 대한 애정(본능의 영역)을 포기하고 아버지가 상징하는 초자아의 세계로 들어간다고 본다. 다시 말해 남자 아이는 리비도를 포기하고 독립적이고 엄격하며, 보편적 정의감과 삶의 위대한 필연성과 같은 문화의 세계의 일원이 된다는 것이다.

　이처럼 프로이드가 여성과 남성의 성정체성의 차이를 설명하는 주요 지점은 페니스의 유무에 있다. 남자 아이가 법, 정치, 학문, 예술 등 다양한 사회적 문화적 가치를 의미하는 초자아를 자기 내면 속에 형성하게 되는 결정적 계기는 바로 페니스가 거세될 지도 모른다는 공포심이다. 그런데 페니스에 대한 거세 공포는 가부장제 사회에서 무의식적으로 경험하게 되는 페니스를 숭배하는 남성 우월주의 문화를 배제하고는 이해하기 어렵다. 만약에 페니스가 우월하고 좋은 것이라는 무의식적 전제를 배제한다면 페니스에 대한 거세 공포 자체가 성립되기 어렵기 때문이다. 결국 프로이드는 페니스의 유무가 바로 남자

아이에게는 자긍심을, 여자 아이에게는 열등감을 갖게 한다고 보고 있다.

앞에서 살펴본 바와 같이 마르크스 철학에 따라 개인의 인격이 '사회적 제 관계를 기반으로 한 활동성'을 통해 형성된다고 할 때 인간의 사회적 제 관계에 의한 피규정성에 있어서 중요한 것이 바로 그 시대의 이데올로기에 의한 피규정성이다. 프로이드 이론의 가장 근본적인 토대는 바로 페니스를 숭배하는 가부장제 사회의 남성 우월주의 문화 내지 이데올로기이다. 그렇다면 만약에 여성의 사회적 노동이 일반화 내지 강화되고, 남성의 사적 노동에의 참여가 활발해지고, 이전의 가부장제 사회와는 질적으로 다른 사회가 형성된다면 남성 우월주의 문화나 이데올로기는 점차 약화될 것이고, 따라서 초자아를 중심으로 한 남성과 여성의 성정체성의 차이에 대한 심리학 이론도 정당성을 상당 부분 잃어버리게 될 것이다. 바로 이러한 관점에서 프로이드의 초자아를 중심으로 한 성정체성에 대한 설명은 일정한 한계를 노정한다고 할 수 있다. 다시 말하자면 프로이드의 이론은 남성 우월주의가 지배하는 사회 안에서만 설득력을 갖는 이론이라는 시대적 한계를 갖는다. 그런데 이미 현대 사회는 오랜 세월 지배력을 누려왔던 가부장제가 심각하게 흔들리고 있음을 우리는 경험하고 있다.

가부장제 사회는 일반적으로 가정 내에서의 아버지의 부재와 어머니의 가사와 육아 및 가사 전담이 이루어지는 사회이다. 낸시 초도로우는 여자와 남자의 서로 다른 성정체성이 시대마다 되풀이 되는 이유를 바로 유아를 기르는 존재가 엄마나 할머니와 같이 여성이라는 점에서 설명한다. 이때 낸시 초도로우가 염두에 두고 있는 성정체성의 차이는 남성의 경우엔 자립성을, 여성의 경우엔 '다른 사람과의 유대감'을 의미한다. 낸시 초도로우에 따르면 대부분의 유아를 기르는 존재는 남성이 아니라 여성이다. 따라서 대부분 어린아이는 처음에 자기를 보살펴주는 여성에게 감정적 애착을 경험한다. 그런데 남자 아이의 경우 자라나면서 자기의 성이 자기가 애착을 갖고 있는 존재인 여성의 성과 다르다는 걸 깨닫게 되고, 자기 삶의 모델이 자기의 애정 대상인 여성이 아님을 자각함으로써 최초의 애정의 연결의 끊고, 독립적 자아를 내면에 형성하게 된다는 것이다. 다시 말하자면 남아는 어머니와의 1차적 동일시 과정이 지나면 남성적 동일시로 바뀌어야 하는데 아버지를 가까이 접촉할 수 없으므로 아버지의 행동과 가치관을 내면화하기 보다는 역할, 권리, 의무 등을 추상적 수준으로 체험한다. 따라서 이때 남아는 자아와 분리적인 상태를 남성적인 것으로 파악하고, 여성다움을 억제하고 평가절하하게 된다.

이에 반해 여자 아이의 경우, 자기의 성에 대한 자각이 시작될 때 자기의 애정의 대상이 자기의 성과 다르지 않기 때문에 최초의 애정의 대상에 대한 심적 연결을 끊을 필요 없이 그대로 자기 삶의 모델로 삼을 수 있고, 그 결과 여자 아이는 다른 사람에 대한 감정적 유착을 그대로 간직한 자아가 내면에 형성된다는 것이다. 결국 낸시 초도로우에 따르면 남아의 정체성인 남성다움은 독립을 통해 규정되고, 여성다움은 애착관계를 통해 규정된다. 실제로 수많은 경험적 관찰에 따르면 남자 아이는 친밀성에서 위험을 느끼고, 자기의 독립성이 유지될 때 안정감과 만족을 느끼는 반면, 여자 아이는 다른 사람들로부터 분리되는 상황에서 위험을 느끼고, 다른 사람과의 감정적 유대 속에서 안정감과 만족을 느낀다.

이와 관련하여 원시 부족 사회에서 남자 아이에게 행해졌던 '성년식'이라는 관습적 전통을 고찰해 보자. 뉴기니아의 삼비아족, 호피 인디안 사회에서 행해져온 남성 입문의식은 남아가 '어머니의 젖을 떼고' 진정한 남자로서 거듭나기 위한 통과의례이다. 원시 부족 사회에서 남아는 어머니에 의해 키워지면서 여성성으로 오염되었다고 생각되어 남아 속에 있는 편안하고 따뜻했던 여성성을 떨쳐버려야 되고, 이때 여성에 대한 불신과 원망을 내면화시키게 된다. 그 다음 남아는 먹을 것, 입을 것, 마실 것도 없는 외진 장소에서 몇 주간 방치되어 내부에 있는 여성성을 죽이는 과정을 경험한다. 예컨대 '할례의식'은 남아의 페니스의 귀두를 싸고 있는 표피(여성의 질에 해당)를 잘라냄으로써 남성으로부터 여성적인 것을 완전히 제거해 버리고 순수한 남성성만을 간직하게 된다. 이들에게 있어서 남성이 되기 위한 매질과 같은 모진 시련의 과정을 참고 이겨냄으로써 갖게 된 상처는 자랑거리로 남는다.

원시 부족 사회에서 남자에게 혹독한 육체적 시련을 경험케 하는 건 남자 아이가 엄마에 대한 유아기적 의존심을 벗어나지 못하고서는, 다른 부족이나 짐승을 때려 눕혀야 하는 성인 남성의 노동을 해내기가 힘들기 때문이다. 이와 유사하게 남자 아이가 엄마의 삶이 자기 삶의 모델이 아님을 깨닫고 독자적 자아를 갖게 되는 것은 아버지를 자기 삶의 모델로 삼고 아버지의 자아를 내면화시킨 결과이다. 성인 남성이 감당해야 하는 사회적 노동은 감정적 유대 속에서 일하는 사적 노동의 영역과는 다르다. 따라서 성인 남성은 주로 다른 가족 구성원을 보살피는 여성들이 갖게 되는 관계 지향적 자아와는 다른, 독자적이고 냉정한 자아를 갖게 된다. 결국 여자 아이는 자기가 앞으로 행할 사적 노동의 영역에서 필요한 자질을 그대로 보여주고 있는 엄마의 성정체성을 그대로 답습하게 되지만, 남자 아이의 경우엔 그들이 마주치게 될 사회적 노동에 필요한 자질을 아버지에게서 발견하고, 그러한 자질을 자기 속에 형성하게 되는 것이다.

이처럼 낸시 초도로우의 심리학 이론 역시 여성과 남성의 노동의 차이와 연관시켜 생각할 때 더 근본적인 시각을 얻을 수 있다. 여자 아이와 남자 아이가 노는 놀이의 방식을 생각해 보면, 그들 모두 얼마나 적극적으로 미래의 노동을 위한 준비를 하는지 알 수 있다. 여자아이는 소꿉놀이와 같이 '특정한 타자'와 연관되는, 게임의 규칙의 수가 적고 예외를 허용하는 놀이를 한다면, 남자아이는 축구처럼 '일반화된 타자'와 관련된, 게임의 규칙이 더 세분화되고, 규칙 준수가 매우 엄격한 놀이를 하는데, 이는 모두 여성의 사적 노동과 남성의 사회적 노동을 보여 주는 일종의 축소판이다. 이처럼 여자 아이와 남자 아이가 최초의 애정의 대상인 엄마와 심리적으로 동질감을 느끼고, 남자 아이가 심리적 유대를 끊는 경험의 과정은 보다 근본적인 시각에서 바라보면 그들이 행할 미래의 자기 삶에 대한 준비와 무관하지 않다.

이렇게 볼 때 심리학 이론은 어린아이가 자기의 성이 다른 성과 다른 것이라는 걸 깨달아가는 과정에서 획득하게 되는 성정체성을 잘 설명해 주고 있지만, 심리학 이론이 보다 근본적으로 인간의 사회적 피규정성을 규명하는 사회철학적 논의와 연결되었을 때 보다 더 완전해 질 수 있음을 알 수 있다.

V. 결론

마르크스 철학은 사회주의 체제의 붕괴로 말미암아 그 옛날의 영광을 잃어버렸다. 특히 마르크스의 역사 결정론적 입장과 프롤레타리아 혁명에 대한 믿음은 오늘날 더 이상 지지받지 못한다. 그러나 마르크스의 인간에 대한 견해는 아직도 우리가 음미해야 할 바가 많다고 필자는 생각한다. 비록 마르크스가 자기의 저서에서 인격의 개념을 '사회적 제 관계를 기반으로 한 활동성'으로 규정해 놓지는 않았지만 위에서 살펴본 바와 같이 그의 인간에 대한 견해를 종합적으로 정리해보면 '사회적 제 관계를 기반으로 한 활동성'으로 추론될 수 있다.

여성과 남성의 성정체성의 문제와 관련하여 마르크스 철학의 '사회적 제 관계를 기반으로 한 활동성'이라는 인격 개념에서 시사 받을 수 있는 것은 이데올로기에 의한 피규정성과 활동성, 특히 서로 다른 노동에서 연유하는 성정체성의 차이이다. 프로이드가 남아와 여아의 서로 다른 성정체성 형성 과정을 설명하는 오이디푸스 콤플렉스는 페니스를 선망하는 가부장제 사회의 문화, 내지 남성 우월적 이데올로기를 배제하고는 애초부터 설명 불가능하다. 또한 자립적인 정체성을 갖게 되는 남아와 애착 관계를 지향하는 정체성을 갖는 여아의 차이가 낸시 초도로우가 주장하듯이 어렸을 적, 최초의 애정의 대상인 여성과의 단절, 내지 지속으로 설명 가능하지만, 여아가 자기 삶의 모델로 삼는 엄마의 관계지향적 정체성과 남아가 자기 삶의 모델로 삼는 아버지의 독립적 정체성은 무엇보다 그들이 수행하는 노동의 차이, 즉 사적 노동과 사회적 노동의 특성 차이에서 연유하는 것이다.

이와 관련하여 마르크스 철학의 인격 개념인 '사회적 제 관계를 기반으로 한 활동성'을 가정 내 권력 관계에 적용해 보면 여성과 남성의 성정체성의 차이가 분명하게 밝혀진다. 가부장제 아래에서는 가장이 집안의 모든 전권을 갖고 있기 때문에 비록 예외는 있다 할지라도 여성이 독립적 자아와 확고한 자아를 갖기는 현실적으로 매우 힘들다.

여기에서 한걸음 더 나아가 '사회적 제 관계를 기반으로 한 활동성'이란 개념이 갖는 장점은 바로 인격의 형성 과정을 동적인 것을 파악한다는 점에 있다. 다시 말하자면 일반적인 여성과 남성의 정체성 뿐만 아니라 개별적인 여성 정체성 역시 본질적인 것이 아니라 상황에 따라, 조건에 따라 얼마든지 변모할 수 있다.[9] 결국 모든 정신분석학에서 나타나는 가장 근본적인 문제점 중의 하나는 여성성과 남성성의 구조를 단 하나의 원인 (프로이드의 경우는 거세 공포와 오이디푸스 콤플렉스, 낸시 초도로우의 경우는 전(前)오이디푸스 관계)에 의해 빚어진 고정적인 것으로 본다는 데 있다. 예컨대 정신 분석학적 페미니즘은 오이디푸스 단계의 어머니와의 관계를 강조한다는 점에서 새롭기는 하지만, 여성성과 남성성이라는 성정체성의 문제를 사회의 기원과 분리시켜 이론화하고, 사회 및 역사의 기원보다는 심리-성 발달을 더 우선적인 것으로 간주한다는 점에서 비판받는다.[10]

참고문헌

[1] H. J. (Hrsg), Europäische Enziklopädie zu Philosophie und Wissenschftenn, Band 3, Felix Meiner Verlag, s.650-658, 1974

[2] K. Marx, Thesen Über Feuerbach, MEW,3, Institut für Marxismus-Leninismus, s.6, 1979

[3] K. Marx, Ökonomisch-philosophische Manuscripte, MEW, EB 1, Institut für Marxismus-Leninismus, s.542, 1979

[4] K. Marx, F. Engels, Die deutsche Ideologie, MEW, 3, Institut für Marxismus-Leninismus, s.21, 1979

[5] 같은 책, s.517

[6] K. Marx, Grundrisse, MEW, 42, Institut für Marxismus-Leninismus, s.396, 1979

[7] 같은 책, s.512

[8] Blum and Lawrence, "Kant's and Hegel's Moral Rationalism : A Feminist Perspective", in Canadian in Journal of Philosophy 13, No.2, pp.287-302, 1982

[9] 조현순, "여성성과 젠더 정체성", 『새 여성학 강의』,(사)한국여성연구소 지음, 동녘, 34쪽, 1999

[10] 이연정, 『모성의 담론과 현실』, 나남출판, 100쪽, 1999

2.

‘지배하는 이성’과
‘배려하는 이성’이라는 개념 쌍을 통해 본
영화 〈피아노〉

I. 서론

1993년에 개봉한 제인 캠피온의 〈피아노〉는 〈델마와 루이스〉(1991년), 〈올란도〉(1994)와 더불어 대표적인 여성주의 영화이다. 세 영화 모두 기존의 가부장제 사회를 여성주의적 관점에서 비판한다는 점에서는 동일하지만, 〈델마와 루이스〉가 주로 현 사회에 대한 고발과 저항을 보여주고 있고, 〈올란도〉가 여성 또는 남성이라는 일면적 성을 가진 인간의 (양성성의 획득을 통한) 자기완성으로의 길을 그리고 있는 반면에, 〈피아노〉는 페미니스트적인 관점에서 여성과 남성의 사랑을 구체적으로 형상화시키고 있다는 점에서 차별성을 갖고 있다.

가부장제 사회에 의식적이든, 무의식적이든 저항하는 여성은 과연 어떤 남성과 사랑에 빠질 수 있는 것일까? 이제까지의 〈피아노〉 영화에 대한 분석은 주로 이 영화가 주인공인 에이다의 관점에서 여성 고유의 욕망과 목소리를 형상화시켜내고 있다는 점에 치중해 있다. 그런데 〈피아노〉에서 주인공 에이다가 사랑에 빠지게 되는 베인즈는 기존의 남성상과는 매우 다른 면모를 보인다. 그가 보여주는 여러 인간적 특성들, 그 중에서도 특히 윤리적 특성들은 필자가 여성주의 철학(윤리학) 연구에서 이끌어낸, ‘배려하는 이성’이라는 개념에 잘 부합하고 있다. 따라서 본고는 제일 먼저 여성주의적 가치의 문제를 중심으로 여성주의 윤리학을 다루고, 그 다음에 여기에서 이끌어낸 ‘지배하는 이성’과 ‘배려하는 이성’이라는 개념 쌍을 통해 〈피아노〉를 분석할 것이다.

II. 본론

1

근대 철학자들은 한결같이 자연에 대한 객관적 지식을 획득할 수 있는 인간의 이성능력을 높이 평가하고, 인간의 인간으로서의 본질을 이러한 이성 능력에서 찾는다. 그리고 이러한 근대 철학자들의 인간의 이성 능력에 대한 평가는 근대 자연과학의 이상, 즉 자연을 객관적으로 인식함으로써 통제한다고 하는 기본적 지향을 공유하는 것이다.

근대 철학의 아버지로 알려져 있는 데카르트가 바라본 인간은 어디까지나 '사유하는' 존재, 즉 이성적 존재이다. 데카르트가 자기의 모든 육체적 감각을 기만적인 것으로 보고 오로지 이성적 사유에만 자아의 확실한 정체성을 부여했듯이 그가 파악하는 인간은 어디까지나 육체를 벗어나 탈육화된, 따라서 몰역사적인 것이며, 철두철미하게 이성에 의해 자율적이며 자유로운 것이다. 그리고 이때 데카르트의 이성은 시공에 갇혀있는, 육체를 포함한 물질을 벗어나 인간의 자유를 담보하는 것이기도 하다.

귀납법적인 자연과학 방법론을 보다 신뢰했던 베이컨에게서 우리는 보다 명료하게 근대 철학자들의 암묵적 합의를 발견할 수 있다. '아는 것이 힘이다'라는 베이컨의 유명한 말은 자연과학자들이 지향하는 바가 무엇인가를 그대로 보여주고 있다. 즉 객관성을 추구하는 자연과학적 인식은 궁극적으로 자연을 인식함으로써 자연을 지배하고 통제하기 위한 것이다. 뿐만 아니라 베이컨은 다음과 같은 생생한 은유를 통해 성의 이데올로기를 직접적으로 드러내고 있다.[1] '정신과 자연의 순결하고 합법적인 결혼'이라는 베이컨의 이상은 진리를 추구하는 정신인 신랑이 자연인 신부를 길들여서 지배하는 것을 의미한다.

이와 같은 근대 인간론과 인식론적 입장은 그대로 이원론적 세계관으로 이어진다. 그런데 정신과 물질, 주관과 객관, 이성과 감정, 영혼과 육체, 문화와 자연, 남성과 여성을 서로 완전히 이질적인 것으로 엄격하게 구분 짓는 근대의 이원론적 세계관에 있어서 중심이 되는 것은 어디까지나 앞의 항목이다. 즉 이 때 두 개의 항은 동등한 가치를 갖는 것이 아니라, 물질은 정신에 의해, 객관은 주관에 의해, 감정은 이성에 의해, 육체는 영혼에 의해, 자연은 문화에 의해, 여성은 남성에 의해, 인식되고, 정복되고, 길들여지고, 통제되고 지배되어야 한다. 왜냐하면 부자유롭고 혼돈되어 있으며 수동적인 질료로서의 물질이나 감정, 육체와 자연, 그리고 여성은 자유롭고 자율적이며, 질서와 규율이 있으며, 능동적이고 창조적인 정신이나 이성, 영혼과 문화, 그리고 남성에 비해 가치가 없는 것이기 때문이다. 다시 말하자면 물질과 감정, 육체와 자연, 그리고 여성은 그 자체 독자적인 가치를 갖는 타자(B)로서가 아니라, 어디까지나 정신과 이성, 영혼과 문화, 그리고 남성의 지배와 통제에 의해 비로소 온전한 가치를 부여받을 수 있는 단순한 질료(Not A)로서 존재할 뿐이다.

이와 같은 입장은 서양의 근대 철학사에 있어서 매우 중요한 위치를 차지하고 있는 노동 개념에서도 그대로 드러난다. 잘 알려진 바와 같이 록크는 사유재산의 근거를 노동에서 찾았는데, 노동의 대가를 우리가 소유할 수 있는 것은 바로 자기의 인격을 객관적인 대상세계, 즉 자연 속에 표현하는 것이라는 점, 따라서 노동의 결과는 자기 인격의 연장물이라는 데에 있다. 그리고 이러한 노동 개념은 아담 스미드를 비롯하여 헤겔, 마르크스에게로 그대로 이어지고 있다. 헤겔은 그 자신의 철학 전반에 걸쳐 핵심이 되는 자유라는 개념을 인간의 이성이 객관적인 대상세계 속에 실현되는 것으로 파악한다. 이처럼 록크나 아담 스미드, 헤겔과 마르크스에게 있어서 자연은 근본적으로 주체, 또는 인간의 이성이 자기를 실현하는 질료로서 존재할 뿐이다.

이와 같이 객관성과 보편타당성을 특징으로 하는 근대의 이성은 사실은 객관적 인식을 통해 대상세계를 지배하고 통제하기 위한 것이다. (푸코 식으로 말하자면 대상세계를 지배하려는 권력에의 의지가 근대 이성의 출발점이자 지향점이다.) 따라서 정신과 물질, 이성과 감정을 상호 불가침적인 대립항으로 설정하는 이원론적 세계관은 곧바로 세계에 대한 도구주의적 입장으로 이어진다. 다시 말해 중심항인 정신과 이성, 영혼과 문화, 그리고 남성은 자기와 다른 타자(Not A)인 물질과 감정, 육체와 자연, 그리고 여성을 자기의 목적이나 의지, 또는 욕구를 충족시키기 위한 수단으로 삼는다. 그리하여 이제 도구주의는 이 세계를 목적의 왕국과 수단의 왕국으로 나누고, 수단의 왕국에 해당하는 대상세계를 최대한의 목적 실현을 위해 유용한 정도, 즉 효율성의 기준에 따라 가치판단을 하게 된다.

그리고 목적의 왕국에 속하는 정신과 이성, 영혼과 문화, 그리고 남성은 타자로부터 분리되어 있기 때문에 근대의 인간은 기본적으로 타자와의 본질적인 관계를 결여하고 있는 원자론적 개인이다. 근대의 인간은 자립적인 닫힌 체계로서 (예컨대 라이프니츠의 모나드처럼) 자기와 다른 타자(Not A)를 무한한 자기 욕구의 충족을 위한 수단으로 삼거나, 또는 자기와 다른 동등한 다른 타자(Another)와는 오직 우연적으로만 관계를 맺을 뿐이다(예컨대 아담 스미드의 '보이지 않는 손'의 작용처럼).

따라서 근대의 이원론적 세계관과 도구주의적 입장을 토대로 한 근대 자유주의 사회에서는 결코 극복할 수 없는 이기주의와 결코 도달할 수 없는 이타주의의 대립이 해소될 수 없다. 근대 자유주의 사회에 있어서 인간의 지배적인 행위유형은 이기주의이며(공리주의 윤리학에서처럼), 이타주의는 칸트의 윤리학에서 볼 수 있듯이 단지 윤리적 당위로서 존재할 뿐이다. 뿐만 아니라 공적 영역을 통해 자기의 정체성을 형성하는 남성에게는 이기주의가, 전통적으로 사적인 영역을 통해 자기의 정체성을 형성하는 여성에게는 이타주의가 각기 일면적으로 적용되거나 강요된다.

2

이러한 근대의 이원론적 세계관과 도구주의적 입장을 무너뜨리기 시작한 것은 우리가 살고 있는 환경의 새로운 변화이다. 과학기술의 끝없는 자기 혁신과 이에 따른 자본주의의 무한한 생산력은 첫째로, 우리가 살고 있는 세계를 하나의 지구촌 사회로 바꾸어 놓았고, 둘째로, 인류가 경험치 못했던 생태학적 위기를 발생시켜 놓았다. 먼저 생태학적 위기는 자연을 더 이상 지배하는 이성과 문화에 의해 무한히 정복 가능한 대상으로 보지 못하게끔 못 박아 놓았다. 그러니까 생태학적 위기는 자연을 더 이상 인간의 자기 욕구 충족 (또는 자기실현)의 대상으로만 보아서는 안 되고, 자연 그 자체의 독자적인 고유성을 갖는 것, 즉 진정한 타자(B)로 보아야 한다는 것, 주체(A)의 존속과 번영을 위해서 필요한 것은 바로 타자의 진정한 타자성이라는 것을 드러내 주었다.

또한 하나의 지구촌 사회의 성립은 우리와 다른 타인들을 정복의 대상으로 삼아 왔던 지금까지의 인류의 역사에 심각한 변화를 강요하고 있다. 각 나라가 정보에 의해 상호 공개되고, 시장에 의해 밀접히 연관된 지구촌 시대에 있어서 각기 나름대로의 역사와 특수성을 갖고 버젓이 지구 위에 존립하고 있는 다른 국가를 '우리=선, 그들=악'이라는 이전의 이분법적 도식을 갖고 정복하려고 하는 모든 시도는 좌절할 수밖에 없다. 이러한 지구촌 시대에 있어서 우리에게 도움이 되는 것은 타인을 정복하는 것이 아니라, 서로의 특수한 고유성을 주고받음으로써 서로를 풍부하게 하는 것이 될 것이다.

따라서 이제 이원론적 세계관과 도구주의적 입장은 더 이상 설득력을 갖기가 어려울 것 같다. 생태계의 기본 법칙은 "모든 것은 모든 것으로 연결되어 있다"는 순환성, 다양성, 그리고 연계성이다. 이 세계는 각기 고유한 독자성을 갖는 다양한 것들(다원론)이 서로 연결되어 끊임없이 상호 교류하면서 이루어진 것으로 보아야 한다(관계주의). 따라서 자기를 타자와 분리시켜 자체 완결된 존재로 파악하는 근대의 원자론적 인간관은 더 이상 새로운 생태학적 세계에는 적합하지 않다.

근대의 원자론적 인간이 바로 남성의 자기중심주의를 반영하는 이기적인 인간이었다면, 새로운 생태학적 세계의 인간은 다른 것들과의 관계 속에서 존재하는 관계적 자아로서 자기의 자체 완벽성을 가정하지도 타인을 부정하지도 않는다. 근대의 닫힌 체계로서의 자아가 오로지 자기 자신의 목적이나 의지, 욕구 충족에만 몰두하는 자아라면 생태학적 자아는 자기의 가치뿐만 아니라 "타자의 본래적 가치를 인식하고, 타자를 그들의 목적에 맞게 돌보는 자아"[2]이다. 따라서 근대의 이기적 자아가 자기의 욕구 충족의 극대화를 계산하는 효율성의 가치를 추구한다면 생태학적 자아는 "자기를 돌보는 것과 타자를 돌보는 것 간의 균형"을 모색한다.

여태까지의 인류 역사를 통틀어 남성이 자연을 정복하고, 국가와 사회의 질서를 세우는 사회적 노동을 통해 자기의 정체성을 형성해 온 것처럼, 여성은 자신의 주된 노동인 육아와 가사노동을 통해 자신의 정체성을 형성해 왔다. 따라서 역사의 주인공이었던 남성들은 그들의 사회적 노동이 요구하고, 또 이것을 통해 형성되는 용기, 절제, 냉철, 인내, 자립심, 합리성, 정의 등을 사회 전체의 주요 덕목으로 높이 평가해 왔다. (예컨대 플라톤이나 아리스토텔레스 윤리학에 있어서 용기와 절제, 니체의 초인사상에 있어서 용기와 자립심, 근대 윤리학자들의 합리성과 정의 등)

그러나 여성들의 사적 노동이 요구하는 것, 또 이를 통해 형성되는 것은 가족의 다른 구성원들에 대한 관심과 배려, 이해와 포용 등의 윤리적 덕목들이다. 현대 페미니스트 윤리학자들은 전통적으로 철학사 속에서 관심과 배려, 이해와 포용 등과 같은 여성적 덕목들이 간과되고, 정의나 평등과 같은 남성적 덕목들만이 주로 다루어져 왔던 점, 아니 한걸음 더 나아가 '정의의 관점'에 윤리적 특권이 부여되어 왔던 점을 날카롭게 비판한다. 예컨대 페미니스트 이론의 역사에서 기념비적 저작에 속하는 길리건의 『다른 목소리로』는 로크나 칸트, 롤즈와 같은 자유주의 전통의 철학자들과 동일한 관점에서 도덕감의 최고 단계를 보편적인 도덕 법칙에 따르는 정의감으로 본 콜버그의 이론에 이의를 제기한다. 길리건은 소녀들과 여성들이 도덕적 문제에 소년들과 다르게 접근하는 것을 경험적으로 논증해 냄으로써 '정의의 관점'에 기초한 도덕 발달의 정도 측정이 남성 편향적이라는 점을 밝혀내고, 이에 대비되는 '배려의 관점'을 제시하고 있다. 길리건이 이 저서에서 이야기하는 바는 윤리적 관점에는 남성 위주의 '정의의 관점' 이외에 적어도 이와 동등한 가치를 갖는 '배려의 관점'이 존재한다는 것이다.

앞에서 언급했던 것처럼 근대의 세계관은 지배하는 주체로서의 정신과 이성, 영혼과 문화, 그리고 남성과 지배하는 주체의 자기실현을 위한 단순한 질료로서의 물질과 감정, 육체와 자연, 그리고 여성을 상호 완전히 이질적이고, 상호 계층적으로 파악했던 이원론적이고 도구주의적 세계관이다. 이러한 세계관 아래에서 철학자들이 여성의 도덕적 덕목을 가치 절하시킬 수밖에 없었음은 당연한 일이기도 하다. 루소(『에밀』)나 칸트(『미적인 것과 숭고한 것의 차이에 대하여』), 헤겔(『법철학』)과 같은 철학자들은 모두 여성의 이성 능력이 남성의 능력과는 다르며 남성보다 열등하다고 본다. 뿐만 아니라 그들에 따르면 여성은 도덕적 자율성을 가질 능력이 없기 때문에 여성들의 장점은 복종과 침묵, 정절과 같은 여성적 미덕을 실천하는 것에 있다고 결론지었다. 이와 같은 그들의 견해는 공적인 삶으로부터 배제당하고 사적인 삶에서는 예속당해야 했던 여성들의 삶을 그대로 반영한 것이기도 하다.

근대 시민사회에 있어서 서구의 윤리학자들은 보편성을 추구하는 이성 능력에 기반한 '정의의 관점'에서 윤리 문제를 다루었다. '정의의 관점'은 보편성을 추구하는 이성에 기반한 것이기 때문에 애초부터 남성보다 열등한 이성 능력과 도덕적 자율성을 가진 여성을 배제시킨 공공 영역에서의 공정성을 확립하기 위한 것이다. 그러니까 '정의의 관점'이란 여성을 제외한 남성들 사이의 합리적 계약을 맺어나가는 데 필요한 최소한의 공적 윤리를 반영한 것이다. 바로 이런 관점에서 로렌스 블룸(Lawrence Blum)은 정의의 윤리학을 남성들의 법적, 행정적 관점, 특히 전문적, 행정적 계급의 관심사를 반영한 것으로 파악한다.[4]

철학자들이 인정하고, 수많은 경험적 연구가 보여주었듯이 남성들은 여성들보다 더 합리적이고 냉철하고 보편적으로 사유하는 경향이 있고, 여성들은 남성들보다 더 뛰어난 감수성과 이해심, 공감과 상상력 등의 능력을 갖는 경향이 있다. 이러한 사실은 남성들의 실제적 삶과 여성들의 일반적 삶의 성격 차이에서 연유한 것이다. 공적인 삶을 영위하는 남성들에게 있어서 필요한 것은 바로 보편적인 법의 지배, 공정한 게임 룰의 확립이며, 이때 요구되는 것이 보편적이고 합리적인 사유능력이다. 이에 반해 주로 사적인 삶을 영위해온 여성들에게 있어서 필요한 것은 다른 가족 구성원들의 필요와 욕구에 대한 민감한 이해와 공감 및 배려이며, 가사 노동과 육아 노동은 여성들에게 엄격한 자율성 보다는 따뜻한 포용력을 더 요구한다.

이렇게 볼 때 공적인 영역에서는 '정의의 관점'이, 사적인 영역에서는 '배려의 관점'이 보다 우월한 윤리적 덕목이라고 보아야 할 것이다. 따라서 질적으로 보다 나은 사회의 성립과 사회 구성원의 보다 충실한 자기완성을 위해서 필요한 것은 정의와 배려가 올바르게 결합된, 윤리적 차원일 수밖에 없으며, 바로 이러한 측면에서 필자는 '배려하는 이성'이라는 개념을 설정해 보았다. 보다 엄밀한 이론적 개념화가 필요하겠지만, 거칠게 말해 보자면, '배려하는 이성'은 타인의 사적인 필요와 욕구에 대해 민감하게 반응하고, 궁극적으로 타인의 행복과 선에 기여하고 싶어 하는 배려하는 마음이 단지 사적인 사고의 영역에만 머물러 있지 않고, 공적인 차원, 즉 정의의 문제까지 고려할 줄 아는 이성의 능력을 구비한, 이성과 감성이 결합된 윤리적 상태를 의미한다.

그러니까 '배려하는 이성에 따른 윤리적 행위'란 바로 '타인의 가치와 행복을 도모하고자 하는 배려하는 마음을 갖고, 도울 수 있는 나의 능력과 타인의 구체적인 상황을 고려함으로써, 그것이 나 자신을 포함한, 그 사회 전체의 공정성을 위반하지 않은 한에서의, 타자에게 실질적인 도움을 산출시키는 행위'를 의미하는 것이다. 이러한 페미니스트적인 윤리적 행위는 이기주의적 개인의 욕구 충족 행위를 윤리적 행위로 보는 공리주의와는 다르게 어디까지나 타인의 가치와 행복에 기여하는 행위를 의미한다. (그리고 이때 그 행위가 일방적인 자기희생과는 다른 것이어야 하기 때문에 필자는 '나 자신을 포함한, 그 사회 전체의 공정성을 위반하지 않는 한에서의'라는 단서를 넣었다.) 또한 페미니스트적인 윤리적 행위는 '보편적인 입법의 원리'에 맞는 행위를 윤리적 행위로 파악한 칸트의 윤리학과는 다르게 형식적 조건에 머무르지 않고, 어디까지나 실질적인 도움을 산출하는 행위이어야 하며, 감정이 결여된 의무감만으로 행해지는 행위가 아니라 감성적 배려로부터 인도된 행위여야 한다. 뿐만 아니라 페미니스트적인 윤리적 행위는 타인의 처지와 욕구에 대해 무지한 상태에서 정의의 원리를 도출시

킨 롤즈의 윤리학과는 다르게 타인에 대해 가급적이면 충분한 정
보를 갖고서 타인을 배려하는 행위이다.

3

영화 〈피아노〉는 벙어리인 주인공 에이다가 다른 사람의 육성을
빌어 자기를 소개하는 내레이션으로 시작하고, 영화의 마지막 역
시 자기의 생각을 전달하는 내레이션으로 마무리하는 격자 형태를
띠고 있다. 따라서 이제 청중은 이 영화를 무엇보다 주인공의 주
관적 입장에서 바라보게 되는데, 주인공이 벙어리임에도 불구하고,
다른 사람의 목소리를 빌어 내레이션을 사용했기 때문에 더욱 더
주인공의 내면의 소리에 귀 기울일 준비상태에 놓이게 된다. 그리
고 영화는 이러한 관중의 기대에 부합하게 주인공의 내면을 드러
내는 시각적 이미지들을 충실히 그려내고 있다.
　벙어리의 내면의 소리를 직접 목소리로 듣는다는 일종의 콘트라
스트적인 기법은 영화 〈피아노〉에서 다양한 방식으로 사용되고 있
다. 영화 〈피아노〉에서 가장 아름다운 장면은 아마도 무한하게 펼
쳐져 있는 푸르른 바다와 끝없이 굽이쳐 밀려오는 하얀 파도를 배
경으로 에이다가 피아노를 치고, 그 음악 소리에 맞추어 딸 플로
라가 발레를 추는 장면일 것이다. 이 장면에서 우리는 어느 한 구
석 억압이나 강제 없이 모두 각자 자기에 충실한 채, 타자와 자유
롭게 교류함으로써 서로 합일하고 있음을 발견하게 된다. 이 장면
과 극단적으로 대비되는 장면은 딸 플로라가 극중 인물로 참여했
던 교회에서의 연극인 [푸른 수염]의 공연 장면이다. 연극 [푸른

수염]이 극도의 강압과 공포 속에 갇혀있는 수직적 인간관계를 보여줌으로써 원시사회에서부터 이어져 내려오는 가부장제 사회에 대한 상징을 이미지화시켜 보여주었다면, 자유를 상징하는 푸른 바다를 배경으로 한 에이다의 열정적인 피아노 연주와 플로라의 자유로운 몸동작은 그대로 아무런 억압이나 구속 없이 자유롭게 합일하는 새로운 수평적 인간관계를 형상화시키고 있다.

에이다의 간절한 요구에 어쩔 수 없이 이끌려와 이 장면을 목격하게 된 베인즈에게 이 세계는 새로운 충격으로 다가오게 되고, 베인즈는 이러한 세계를 열어 보여준 에이다에 대한 사랑에 빠져 버리게 된다. 베인즈가 에이다의 내밀한 세계에 동참하게 되는 과정을 제인 캠피온은 하나의 프레임 안에 매우 정교하게 계산된 미장센을 통해 보여준다. 화면 제일 앞부분에서는(그러니까 프레임 아래 부분) 에이다가 기쁨에 차 피아노의 건반을 두드리고, 화면의 뒷부분에는(프레임 윗부분) 플로라가 피아노 소리에 맞춰 춤을 추는 데 그 중간에 서 있는 베인즈는 앞에 있는 에이다의 피아노 치는 모습을 잠시 보고 나서는 고개를 돌려 등을 보인 채 플로라가 춤추는 모습을 보더니 다시 잊을 수 없다는 듯이 고개를 앞으로 (카메라 쪽으로) 돌려 에이다의 모습을 바라본다. 하나의 화면 안에 세 사람의 관계와 베인즈의 미묘한 감정의 변화 과정을 관객에게 매우 효과적으로 보여주는 장면이라 하겠다.

이와는 대조적인 장면은 기념사진을 찍음으로써 결혼식을 대신해 버리고 나서 곧 바로 여행을 떠난 후 돌아온 에이다의 남편 스튜어트가 에이다가 식탁을 피아노 건반으로 만들어 놓고 소리도 나지 않는 피아노를 두드리는 모습을 보고 놀란 나머지 숙모님을 찾아와 의논하고 있는 도중에 그 옆에서 목사가 연극 [푸른 수염]

공연 준비를 하는 장면이다. 밝고 푸르른 바다와 달리 어두컴컴한 방 구석에서 목사는 푸른 수염을 가진 늙은 남편이 젊은 부인의 손을 도끼로 내리치는 장면을 그림자 놀이를 통해 보여줄 수 있다는 것을 발견하곤 아주 만족스러워 한다. 문명의 세계를 대변하는 기독교를 전파하는 교회의 대변인인 목사가 보여준 이 웃음이 폭력 지향적 야만성을 보여주고 있다면, 베인즈는 다른 유럽인들과는 달리 뉴질랜드 원주민들과 매우 친밀한 인간관계를 맺고 있다. 그러니까 베인즈가 에이다의 세계를 즉각적으로 수용할 수 있었던 것은 그가 부분적으로는 이미 뉴질랜드 원주민인 마우리족과 이미 수평적이고 친밀한 관계를 맺어온 심리적 특성을 갖고 있었기 때문일 것이다. 제인 캠피온이 전통적인 사고방식과는 달리 서구의 문명을 오히려 야만적이고 폭력적인 것으로 보고 있음을 읽을 수 있는 대목이다.

베인즈의 얼굴에 새겨진 문신이 이렇듯 문명 이전의 자연 세계와의 친화를 보여주고 있는 것과는 달리 에이다의 남편 스튜어트는 문명사회의 수혜자이자 수호자이다. 마치 [푸른 수염] 공연 준비를 하면서 돈 많은 늙은 남자 역을 맡은 목사가 도끼로 신부 역을 맡은 하녀의 손을 내리치는 것처럼, 스튜어트는 나중에 에이다가 자기 말을 듣지 않고 베인즈에게 사랑의 징표를 건네려고 하자, 분노에 차 에이다의 손가락을 잘라버린다.

이 영화에서 에이다는 무슨 이유에서인지 6살 때부터 말을 못하게 된 채 피아노와 딸 플로라와만 교감을 나누며 살아오다가 얼굴도 모른 채 아버지가 맺어준 남편을 찾아 뉴질랜드에 오게 되는데, 영화가 끝날 무렵에 다시 고향으로 돌아와 베인즈와 함께 살아가게 되면서 비로소 말문이 터지게 된다. 이 부분은 상당히 상징적 해석이 가능하다. 당시 뉴질랜드는 19세기 빅토리아 시대의 영국 식민지로서 영국의 권위적인 가부장제 체제를 서서히 이식하고 있는 와중이었다. 매우 섬세한 감수성과 분명한 자기 의지를 갖고 있는 에이다는 자기와 제대로 소통할 수 없는 상태에서는 말을 하고 싶어 하지 않으며, 결국 피아노에게만 자기를 표현할 뿐이다. 자기 딸의 의사는 무시한 채 자기의 이기적 욕구만을 위해 강압적으로 자식을 시집보내는 에이다의 아버지가 빅토리아 시대의 가부장제를 대변한다면, 아내의 내적 요구에는 관심이 없이 자기의 소유욕만을 충족시키려는 남편 스튜어트는 뉴질랜드에 이식된 빅토리아 시대 가부장의 후손의 모습을 그대로 보여준다. 에이다의 아버지나 남편 스튜어트에게 있어서 에이다의 존재는 그 자체로 독자적인 가치를 갖는 타자(B)가 아니라, 자기의 목적이나 의지, 또는 욕구를 충족시키기 위한 수단인 단순한 질료(not A)일 뿐이다. 에이다의 아버지나 남편이 그들의 재산을 증식시키기 위해 에이다의 의사를 무시하는 것은 그들의 의식이 철두철미 자기의 자식이나 아내를 자기 소유물의 일부로 보는 가부장제 전통 위에 서 있음을 보여준다. 그러나 분명한 자기의식과 내면세계를 갖고 있는 에이다는 이에 대해 침묵으로 저항하고, 침묵으로 자기를 지켜낸다. 그녀는 피아노와 대화하면서 인간들의 언어 세계를 조롱한다.

흥미롭게도 영화의 배경이 되는 뉴질랜드는 아직 충분히 문명화되지 않은 원시의 땅이다. 마치 근대인이 자연을 정복의 대상으로 삼았던 것처럼 스튜어트가 뉴질랜드 땅에 대한 무한한 정복욕을 드러내고 있는 것과 달리 베인즈는 마우리족과 인간적인 관계를 맺어나가면서 자기 소유의 땅에 대해서도 커다란 집착을 보이지 않고 있다. 베인즈가 피아노를 차지한 것도 그녀를 자기에게로 이 끌기 위한 유인책이었을 뿐이었으며, 나중에 그녀가 자기를 사랑 하지 않는다고 생각하자 피아노를 그녀에게 주어버리려고 한다. 베인즈가 자기와는 다른 에이다라는 존재의 본래적 가치를 인식하 고, 그녀의 고유한 내면의 소리에 귀 기울일 줄 알게 된 계기는 앞서 언급한 것처럼 그녀가 해변 가에서 피아노와 대화하는 모습 을 본 데에서 출발한다고 볼 수 있다. 이제 베인즈는 그녀의 피아 노에 대한 욕구를 충족시켜주면서 동시에 그녀의 내밀한 세계를 함께 하고 그녀에 대한 자기의 관심과 사랑을 보여줌과 동시에 이 를 통해 그녀의 사랑을 얻어내기 위해 파격적인 제안을 하게 된 다. 즉 베인즈는 피아노를 자기의 땅과 바꾸고 그녀에게서 피아노 를 배우겠다는 제안을 하게 된다.

이 영화 속에는 커다란 두 개의 딜(거래)가 존재한다. 첫 번째 딜은 에이다의 아버지와 남편인 스튜어트 사이의 딜이고, 또 하나 는 베인즈와 스튜어트 사이의 딜이다. 첫 번째 딜에서 에이다의 의지는 완전히 무시된 채 에이다의 존재가 단지 상품으로서 거래 된 것이라면, 두 번째 딜에서 에이다의 욕구는 피아노 강습이라는 형태로 반영되어 있으며, 나아가 타자의 존재를 자기와 관계 맺고 상호 교류하려는 베인즈의 욕구가 담겨져 있다. 딜은 무엇보다 근 대 사회의 사회적 주체인 남성들 간에 맺는 합리적 계약을 의미하 는 것으로, 이때 중요한 것은 계약당사자가 반드시 지켜야 하는 게임의 룰로서의 보편성과 공정성이다.

근대 사회에서와 마찬가지로 이 영화에서도 딜의 당사자는 어디 까지나 남성들이며, 여성들은 완전히 배제되어 있다. 딜의 당사자들은 계약의 내용이 위배되지 않는 한 딜을 일방적으로 파기해서는 안 되는데, 이 점에서 영화 속 세 남자는 모두 계약의 실행에 있어서 철두철미하다. 예컨대 나중에 에이다의 사랑을 회의하게 된 베인즈가 피아노를 돌려보내려고 하자, 베인즈의 땅을 다시 돌려주어야 하지 않는가 하고 두려워하는 스튜어트의 모습에서 그가 얼마나 거래의 법칙에 충실한 사람인지를 읽을 수 있다.

이와 같은 스튜어트의 딜 속에서 우리는 가부장제 하에 오로지 자기 자신의 욕구에만 충실한 '지배하는 이성'을 발견하게 된다면, 베인즈의 딜 속에서는 자기의 가치 뿐 아니라, 타자의 본래적 가치를 인식하고, 타자를 그들의 목적에 맞게 돌보는 '배려하는 이성'의 측면을 읽어낼 수 있다.

그러나 이와 같은 스튜어트와 베인즈의 인간적 특성의 대비는 그 이후에 더 극명하게 드러난다. 성탄절 날 베인즈는 교회 행사에서 에이다가 남편의 애정을 거부하지 않는 모습을 보고서 낙담한 이후에 에이다에 대한 사랑에 더욱 더 빠져들어 가지만, 그녀가 자기를 사랑하지 않는다고 생각하자, 결국에는 그녀와의 관계를 단념하게 된다. 비록 식음을 전폐할 정도로 낙담에 빠지지만 그는 그녀를 위해 피아노를 돌려주려고 한다. 이와는 달리 스튜어트는 자기를 배반했다는 이유로 에이다의 손가락을 잘라 버린다. 이러한 스튜어트의 행위 속에는 에이다의 존재를 자기의 소유물로 생각하고, 자기의 소유물이기 때문에 자기 마음대로 처분해도 된다는 의식이 깔려 있음을 읽을 수 있다.

자기의 땅과 맞바꾼 피아노가 더 이상 에이다와 자기의 관계를 맺어주지 못한다고 여겨졌을 때 에이다를 위해 피아노를 그녀에게 보내버리는 베인즈의 행위는 자발적 자기희생의 측면을 갖는 행위이다. 그리고 이러한 자발적 자기희생은 가부장제 하에서 여성에게 강요되어온 일방적인 자기희생과는 다른 것이다.

4

얼굴에 문신을 한 베인즈가 전통적인 가부장제 사회에서의 전형적인 남성상을 벗어나 있다면, 각진 얼굴형을 가진 에이다는 전통적인 여인의 모습과는 거리가 멀다. 가부장제 하에서 여성이 목소리를 내어 말을 하지만, 자기의 목소리를 갖고 있지 않은 것과는 정반대로 그녀는 비록 목소리를 내어 말을 할 수 없지만, 자기만의 목소리를 갖고 있다. 제인 캠피온이 에이다가 여전히 말을 잘 할 수 없음에도 불구하고 영화의 시작과 끝을 관객에게 건네는 에이다의 목소리로 처리한 것은 이런 점에서 의미심장하다. 그녀는 자기의 존재를 인정하지 않는 사회에 침묵으로 맞설 뿐 아니라 자기의 사랑을 강요하고 자기를 소유하려고만 하는 남성을 끝까지 받아들이지 않는다. 그녀는 베인즈의 기다림을 걱정하여 목숨을 걸고 딸을 시켜 그에게 자기의 사랑을 알리고자 한다. 손가락을 자르면서까지 그녀를 자기 곁에 묶어두려는 스튜어트의 의지를 꺾은 사람은 베인즈가 아니라 바로 에이다였다. 스튜어트는 그녀의 철통같은 의지에 결국 두 손을 들고 그녀를 베인즈에게 보내고 만다. 뿐만 아니라 그녀는 영국으로 돌아오는 바다 위에서 자기의 분신과도 같았던 피아노를 버리자고 주장한다. 간곡하게 말리는 베인즈의 말을 듣지 않고 기어이 피아노를 바다 속에 버려버리는 그녀에게서 자기의 삶을 자기의 의도대로 이끌어나가는 새로운 여성상을 읽을 수 있다. 성(性)에 대한 에이다의 태도 역시 흥미롭다. 베인즈에게 가지 못하게끔 문을 폐쇄시켜버린 스튜어트의 마음을 풀기 위해 에이다는 스튜어트의 몸을 자기의 손으로 만지지만 그가 자기의 몸을 만지는 것은 완고히 거부한다. 이것을 못견뎌하는 스튜어트와 에이다의 관계는 전통적인 남녀의 관계를 뒤집어 놓은 것이다.

가부장제 하에서 여성은 어디까지나 욕망을 갖지 않는, 성(sexuality)을 부정당한 무성적인 존재일 뿐이다. 가부장제 이데올로기 하에서 여성의 몸은 악기일 뿐, 어디까지나 남성의 욕망을 충족시켜주는 재료로서만 존재한다. 바로 그런 점에서 〈피아노〉는 그 동안 억압받아 왔고, 그리고 반드시 소생되어야 할 존재인 성적 존재로서의 여성, 즉 '유희하는 어머니'[5]로서의 여성의 모습을 잘 그려내고 있다. 〈피아노〉의 영상 중에서 가장 빈번하게 나오면서 동시에 매우 인상적인 장면들은 에이다가 피아노를 치는 장면들이다. 스튜어트의 숙모가 '그녀가 피아노를 치는 것은 우리와는 다르다. 마치 가슴 속에 파고드는 듯이 피아노를 친다'고 말하고 있는 것처럼 그녀는 자기에게 말하듯이 피아노를 칠 뿐만 아니라 그녀가 피아노를 치는 모습은 마치 피아노와 애무하는 것처럼 매우 에로틱하다. 특히 카메라는 피아노를 치지 않는, 에이다의 손등과 손가락의 놀림을 곧잘 클로즈업해서 보여주고 있는데, 이때 그녀의 손의 움직임은 손이 그 위에서 노니는 대상과 마치 춤추는 듯 감각적이다.

〈피아노〉에 나오는 영상들은 그 하나하나의 장면을 그대로 정지시켜 놓아도 좋을 만큼 아름다운데, 그 이유는 물론 뉴질랜드의 아름다운 해변과 원시림이 영화의 배경이기 때문이기도 하겠지만,

그 장면들을 찍는 카메라의 방식에도 있다. 마치 에이다의 손가락이 그 대상을 천천히 음미하듯이 만져나가듯이 카메라는 짧은 컷의 사용이나 빈번한 컷의 교체를 자제하고, 대상을 따라 서서히 움직이며 찍어나감으로써 마치 대상들을 우리가 촉각적으로 느낄수 있을 것 같이 찍어낸다. 예를 들어 에이다가 플로라와 함께 뉴질랜드 해변에 도착한 다음날 스튜어트가 짐꾼들을 데리고 와서모두 다 집으로 가는 장면에서 카메라는 하이 앵글로 그들의 걸음걸이를 따라가며 천천히 비탈진 원시림의 풍광을 보여주고 있는데, 마치 카메라가 원시림의 무수한 나무들을 손으로 쓰다듬는 것처럼 찍어나간다.

III. 결론

어찌 보면 영화 속에 그려진 베인즈라는 남성상은 제인 캠피온이라는 매우 섬세하고 지적인 페미니스트의 머릿속에서의 이상적 남성상일 지도 모른다. 자기의 독자성을 인정하지 않고, 자기와 제대로 소통하지 않는 세상에 대해 침묵으로 일관하던 에이다가 나중에 진정한 상호소통이 가능해 지자 비로소 말문을 열기 시작한 것을 우리는 충분히 이해할 수 있다. 다시 유럽으로 오는 도중에 피아노를 버리자고 주장하는 에이다. 이제 그녀는 더 이상 자기 표현의 대상으로서의 피아노가 필요 없음을 알았으리라. 피아노와함께 바닷물 속에 들어갔다가 다시 물 위로 올라옴으로써 그녀는 과거의 자기 자신과의 작별의식을 마치고 새로 태어난다. 이제 그녀 앞에는 진정한 소통의 대상으로서 베인즈라는 남성이 존재해 있다.

영화 후편으로 가면서 드러나듯이 스튜어트 역시 자기 나름으로 에이다를 사랑했다. 그러나 그는 에이다의 마음을 읽어내고 에이다와 교류하는 방법을 갖지 못한, 가련한 가부장제의 희생양이었다. 에이다의 내적 요구를 충족시켜 주면서, 서로의 자아를 훼손치 않으면서 상호 관계를 맺어나갈 줄 아는 베인즈에게서 제인 캠피온은 새로운 남성상을 발견하고 있다. 이 새로운 남성상은 자연에 대한 무한한 정복욕과 소유욕을 가진, '지배하는 이성'의 근대적 인간상이 아닌, 타자와 자기를 동시에 배려하는 새로운 인간상이라 하겠다.

인용자료

[1] Keller, Evelyn Fox, A Feeling for the Organism : The Life and Work of Barbar McClintock, Freeman, 1983

[2] Plumwood, V, "Ethics and Instrumentalising Self", in Feminism and Mastery of Nature, Routhlege, 1993, 6장

[3] Tronto, Joan c., "Beyond Gender Difference to a Theory of Care", in An Ethic of Care : Feminist and Interdisciplinary Perspectives, Larrabee, M. 1993, pp. 143-156

[4] Blum, Lawrence, "Kant's and Hegel's Moral Rationalism : A Feminist Perspective", in Canadian Journal of Philosophy 13, no 2 (june 1982), p. 287-302

[5] 김선아, "〈피아노〉와 〈올란도〉 : 여성성과 양성성 사이, 시네-페미니즘, 대중영화 꼼꼼히 읽기, 과학과 사상(김소영 책임편집), 1995, 205쪽

3.

울프의 양성적 인간관과
페미니즘적 주체의 문제
(『올란도』를 중심으로)

차례

I. 서론

1. 연구배경

주지하는 바와 같이 버지니아 울프는 남성 작가들이 전통적으로 구사해 온 소설작법에서 벗어나 특유의 '의식의 흐름' 장르를 탄생시키고 완성한 작가로 20세기 대표적 모더니스트이면서 동시에 대표적인 페미니스트 작가이다. 그런데 버지니아 울프는 지금까지 주로 영미계 페미니스트 후배들로부터 페미니스트로서의 자격이 불충분하다고 홀대되거나, 아니면 그녀의 소설은 제외시키고 『자기만의 방』과 『3기니』와 같은 페미니즘적 팸플릿만 거론되면서 페미니스트로서의 점수를 약간 받거나 둘 중의 하나였다. 하지만 80년대에 들어와서 크리스테바나 이리가라이와 같은 프랑스계 페미니스트들이 후기 구조주의적 시각을 제시하면서 본격적인 페미니스트로 받아들이는 추세에 있다.

버지니아 울프는 일생을 걸쳐 자아의 문제를 천착한 작가로, 그녀의 인간관을 대표하는 것이 바로 그녀의 양성론이다. 그리고 버지니아 울프를 페미니스트로서 인정하지 않으려는 전자의 시각은 바로 그녀의 양성론적 인간관에 집중되어 있다. 예컨대 전자의 시각을 대표하는 얼레인 쇼터(Elaine Showalter)는 「버지니아 울프와 양성론으로의 도피」에서 울프가 여성 운동이라는 문세가 그 성격이 워낙 복잡하고 난해하니까 안일하게 '양성론'이라는 이름의 피난처를 만들어서 도주해버린다[1]고 극언하며, 또한 리비스는 울

---

1) Showlater, Elaine., *A Literature of Their Own, Britisch Women Novelists From Bronte to Lessing*, Princeton, New Jersey : Princeton University Press (1977),

프의 출신 성분을 들어서 그녀가 여성 운동가의 자격이 없음을 선언한다.

그런데 이와는 달리 1980년대에 들어와 들뢰즈를 중심으로 하는 프랑스의 후기 구조주의 철학에 영향을 받은 프랑스 페미니스트들은 버지니아 울프가 자신의 저서에서 텍스트의 의미를 고정시키지 않고, 복수 시점을 사용하고, 유희적 서술을 하는 것에 주목하여 오히려 울프야말로 숄터의 방법보다 더 근본적이고 적극적인 방법으로 여권론을 주창하고 있다고 주장한다. 예컨대 코기는 『버지니아와 포스트모더니즘』에서 울프의 가치를 정체된 목표가 아닌 변화의 자유로 보며 다원적인 면모를 가지고 있다고 보고 있다.

2. 연구의도

본 논문은 이처럼 서로 상이한 각도에서 다양하게 평가받고 있고, 현재 페미니스트들의 중요한 관심 대상이 되고 있는 버지니아 울프에 대한 올바른 평가를 하고자 시도한 것이다. 특히 요즘 페미니즘 영역에서 많이 논의되고 있는 주제가 페미니즘적 여성 주체인 점을 고려하여, 버지니아 울프의 인간관과 그 중에서도 양성론적 인간관을 중심으로 한 다각적 논의를 하고자 한다. 그리고 버지니아 울프의 다양한 작품들에서 울프의 양성론적 인간관이 가장 직접적이고 집중적으로 다루어진 대표적인 작품인 『올란도』 (1928)를 중심으로 살펴보고자 한다.

---

pp. 263-97

II. 『올란도』의 특징과 내용

1. 전기소설 『올란도』의 특징

소설 『올란도』는 소설의 제목에 '전기'라는 부제가 붙어 있는 일종의 자전적 소설로, 울프가 이 작품을 바이타 새크빌-웨스트(Vita Sackville-West)라는 실제 인물에게 바쳐진 작품이다. 뿐만 아니라 이 작품에서 울프는 정서적으로, 정신적으로 많은 교감을 나누었던, 당시 잘 나가던 귀족 출신 여류작가 새크빌을 충실하게 묘사하고 있다.

주인공 올란도는 몇 세기 (약 340년간)에 걸쳐 살며, 남성에서 여성으로 성전환을 하고, 전기소설임에도 불구하고 주인공은 16세 미소년에서 시작하여 36세의 여인의 삶으로 끝이 난다. 이러한 독특한 특성 때문에 이 작품의 장르를 전기나 소설이 아니고 환타지라고 규정짓기도 하는데, 사실상 이 작품 속에는 수많은 환타지적 요소- 즉 밤과 낮, 감성과 이성, 남성과 여성 등과 같이 다양한 대비와 과장이 끊임없이 등장한다.

그런데 버지니아 울프 자신의 말에 따르면 이러한 특이성은 기존 방식에 대한 풍자적인 정신에서 나온 것으로 그 결과 이 작품의 구조가 상투적인 틀을 벗어나 유희적인 형태로 계획된 데에서 나온 것이다.[2] 제일 먼저 이러한 전기 형식은 가부장제 사회에서 쓰여진 남성적 전기에 대한 통렬한 비판이다. 버지니아 울프의 아버지, 『국가인명사전』을 편찬한 스티브에 의해 대변되는 남성적

[2) Woolf, Virginia., *A Writer's Diary*, London : The Hogarth Press (1954), p.120

전기는 객관적 사건 중심의 전기 형식을 갖는다. 그런데 버지니아 울프에 따르면 객관적 사건 중심의 전기의 가장 큰 맹점은 이것이 한 인간의 내면에서 일어나는 심리적 사건이나 정신적 성숙과정을 전혀 담아내지 못한다는 것이다. 다시 말해 작가는 당시의 전기라는 장르가 대상 인물의 연대기적 사실만을 나열해 나가는 것이라고 한다면, 그것이 얼마나 그 인물의 진실된 묘사에서 먼 것인가를 보여주고자 한다.

이와 같이 울프는 이 작품에서 가부장제 사회에서 그 세를 과시하고 있던 전기라는 장르를 이 작품에서 비웃고 있다고 볼 수 있다. 버지니아 울프는 사람들의 정신적 나이는 작게는 불과 몇 년에서 길게는 몇 백년간이라는 엄청난 차이를 가질 수 있다고 말하고 있는데, 이처럼 전기소설 『올란도』는 정신적으로 몇 백년간을 살아온 자의 내면적 성장소설이라고 할 수 있다.

2. 내용분석

주인공 올란도는 16세기 엘리자베스조의 영국에서 신분은 귀족이며 대단히 부유한 17세의 미소년으로 등장한다. 여왕과 친족관계인 주인공은 자연스럽게 여왕의 눈에 띄게 되어 여왕으로부터 총애 이상의 사랑을 받고, 마침내는 궁정에서 그녀의 시중을 들게 된다. 그러나 올란도는 이미 이때에도 고독과 명상을 즐길 줄 아는 섬세한 감수성과 시인으로서의 자질을 갖춘 인물로 그려진다.

그러던 중 겨울에 유례없이 혹심한 서리가 내려서 모든 것을 얼어붙게 했고, 올란도는 모스크바 대사관에서 나와 능수능란하게 스케이트를 타는 러시아 공주 사샤를 만나 사랑에 빠진다. 당시 여자들은 타지 않았던 스케이트를 타는 사샤는 올란도처럼 소년인 듯 소녀인 애매모호한 모습을 갖춘 여자이지만, 올란도를 배신하고 떠나버린다.

얼어붙었던 땅(남성의 엄격한 이성을 상징하는 땅) 위에 천지개벽이라도 하듯이 굉장한 굉음을 동반한 비(여성적 감수성을 상징하는 비)가 억수로 쏟아져 홍수를 이루고, 이 홍수 앞에서 자기를 배신한 사샤를 저주하는 올란도.

2장에서 올란도는 사샤 사건 이후 다시 시골에 있는 자기 저택으로 돌아와 완전한 고독 속에 살게 되는데, 이러한 변화를 울프는 올란도가 칠 일간 깊은 잠에 빠졌다가 깨어나는 것으로 표현한다. 이제 올란도는 삶, 죽음, 고독 등 원초적인 문제에 대한 명상을 하고, 그 결과물로 수많은 글을 남기게 된다. 그러던 중 올란도는 자연스럽게 흠모의 대상이었던, 당시 유명한 문인인 니콜라스 그린(Nicholas Greene)을 집에 초대하게 된다. 그는 가부장제 사회의 문학 전통을 대변하는 인물로 올란도의 저택에서 융숭한 대접을 받고는 오로지 올란도에게서 연금을 구걸하는 데에만 관심을 갖는다. 그린이 올란도의 희곡을 받아들고 집에 돌아가서 올란도를 풍자하는 시를 써서 발표하자, 주인공은 그의 배은망덕에 분개하면서 명예의 덧없음을 실감하게 된다. 이제 다시 인간 혐오증에 빠지게 되는 올란도, [참나무(The Oak Tree)]라는 짧은 시 한 편만 남겨두고 모두 불태워버리며 세속적인 명예나 허영을 위해서가 아니라 오로지 자신만을 위해 글을 쓰리라 결심한다. 이러던 중 파티에서 만난 해리엇 그리셀다 대공비(Archduchess Harriet

Griselda)의 집요한 유혹에 시달리게 된 올란도는 왕에게 자기를 콘스탄티노플의 대사로 보내달라고 요청하기에 이른다.

3장에서는 콘스탄티노플의 대사로서 화려하기 이를 데 없지만 실제로는 공허하기만 한 생활이 그려지면서 올란도는 남성 세계의 덕목인 의리와 우정을 터키 왕과의 관계를 통해 배우게 되지만, 전쟁을 치르면서 결국 남성의 덕이 갖는 한계를 절감하고 회의를 느끼게 된다. 나중에 대사 생활 2년 반 만에 맡은 바 임무를 성실히 수행한 공으로 찰스 왕으로부터 최고의 작위인 공작의 칭호를 받게 되는 올란도, 그러나 장엄하고 호화스러운 작위 수여식이 순조롭게 진행되다가 마지막 식순에 다다랐을 때 갑자기 소요가 일어난다.

무사히 소요에서 빠져나와 자기 방으로 돌아온 다음 날 아침 올란도는 다시 깊은 잠에 빠진다. 칠일째 되는 날 올란도가 깨어나 보니 그의 성별이 바뀌어서, 이제 그는 더 이상 남자가 아니고 여자가 되었다. 여자로 변한 올란도는 이제 콘스탄티노플에서의 대사 생활이 상징하는 허위의 세계를 미련없이 버리고 떠나서 집시의 무리에 합류하게 된다. 그러다가 어느 정도의 세월이 흐른 후 주인공은 영국병인 자연 사랑에 빠지게 되고, 자기들의 신과는 다른 신을 추종하는 주인공에게서 이질감을 느끼는 집시들 역시 자연스럽게 그에게 분노의 감정을 느끼게 되면서 올란도는 자기 고향으로 돌아온다.

4장에서는 이제 여자가 된 올란도가 가부장 사회에서 경험하게 되는 여러 가지 일들이 그려진다. 성 전환 이후 올란도는 사교계의 총애를 한 몸에 받는 숙녀가 되는데, 숙녀의 삶이 한편으로는 매력적이기도 하지만 동시에 한 개인의 삶을 비본질적인 것들에 얽매이게 만든다는 점에서 분명한 한계를 갖는다는 사실을 절감하게 된다. 또한 올란도는 자기가 남자였을 때 여자들에게 부과하고 요구한 것들, 예컨대 순종, 정절, 외양 꾸미기 등이 얼마나 터무니없이 부당한 것이었나 하는 것을 깨닫게 되는데, 올란도는 주로 남성을 기쁘게 해주기 위한 몸치장과 같은 일에 여성이 긴 시간을 바쳐야 하는 현실에 대해서 몹시 안타까워하고 있다.

세월은 흘러 앤 여왕의 시대가 되고, 올란도는 사창가에 가서 창녀 넬(Nell)과 가부장 사회가 불편하게 입혀놓은 역할의 옷을 훌훌 벗어던지고 가슴 속에서 우러나오는 웃음을 짓게 된다.

이제 시대는 바야흐로 18세기가 지나고 19세기 빅토리아 여왕의 시대가 된다. 가부장 사회에서의 결혼제도, 즉 철두철미하게 남성에게만 유리하게 꾸며진, 근본적으로 자연을 역행하는 제도에 대한 신랄한 비판이 이루어진 후 올란도는 다시 혼수 상태에 빠지게 된다.

5장에서 잠에서 깨어난 올란도는 쉘머딘 (Shelmerdine)을 만나 극적으로 약혼을 하게 되는데, 쉘머딘은 낭만적 모험가이며 현대적인 항해사로 실제의 인물이라기보다는 환상적인 인물로서 등장한다. 이때 흥미롭게도 올란도는 쉘머딘에게 당신은 여자라고, 그리고 쉘머딘은 올란도에게 당신은 남자라고 말하는데, 울프는 쉘머딘을 여자로 부르는 이유를 쉘머딘이 다른 남자와는 다르게 신비롭고 섬세하기 때문이며, 올란도를 남자로 부르는 이유를 그녀가 일반 여자들과 달리 관대하고 솔직하기 때문이라고 말하고 있다. 이처럼 이 두 인물은 남성과 여성이라는 육체의 성을 초월해서, 각기의 정신 세계에 남녀 양성이 나란히 공존하며 그것들이 조화를 이루고 있는 인물들이다. 다음 날 아침, 두 남자가 가지고 온 여왕의 문서에 따르면 아들을 낳지 못하는 여성 올란도는 집을 잃어버리게 되어 있다. 이는 실제로 당시까지 영국에서 관습화된 캘트족의 불문법에는 여자는 재산 상속권이 없기 때문임을 반영한 것이다.

마지막 6장에서 이제 시대는 일차 세계대전의 폭연이 자욱한 대지 위를 임신을 한 올란도가 지나가고, 마지막으로 올란도는 아들을 낳고, 이제는 교수이며 문학비평가로 성공한 니콜라스 그린 경의 주선으로 그녀의 시집을 출간하게 된다. 이제 서른여섯 살이 된 올란도, 참나무 옆에서 남편 쉘의 이름을 부르는 장면으로 이 소설은 끝이 난다.

III. 주인공 올란도에 나타난 울프의 인간상과 들뢰즈의 생성 철학

위에서 살펴본 바와 같이 울프가 그린 올란도는 남성에서 여성으로, 시대와 장소에 따라 끊임없이 변신하는 자아이다. 즉 올란도는 젠더를 가로지르며 시간과 공간을 초월해서 자유자재로 자기 존재의 본질로 바꾸어 나가는, 고정화되지 않는 하나의 자아이자 수천

수만 개의 성으로 살아가는 주체이다.

실제로 울프는 1937년 4월 2일 그녀의 일기에서 전기 작가들이 한 인간 속에 들어있는 수많은 자아들을 다 쓸 수 있는지에 대해 의문을 제기하면서, 운동과 속도에 의해 상황에 따라 조립되기도 하고, 해체되기도 하면서 재조립하기를 반복하는 수많은 자아들을 어느 하나의 자아로 나타낼 수 있는 것이 아니라고 말하고 있다.

이러한 울프의 인간관을 페미시즘적 주체로 해석해내는 현대 페미니스트들은 근본적으로 들뢰즈의 생성철학 위에 서 자기의 주장을 펴고 있기 때문에 먼저 들뢰즈의 철학을 살펴보기로 하겠다.

앙띠-오이디푸스적인 정신분열분석 이론을 제시한 들뢰즈와 가타리는 인간의 무의식적 욕망은 아무 것도 결여되지 않고 있으며, 자유로운 다양성들을 형성한다고 주장한다.3) 즉 인간의 욕망은 결핍이나 상실에서 나오는 것이 아니라, 무의식에서 흘러나와 그저 흘러가는 것이며, 무의식적 욕망은 서로 이질적인 것과 끊임없이 접속하면서 다양한 변화와 생성을 시도하는 유연한 흐름이며, 무언가 생성하는 힘이며, 능동적 실천이다.

따라서 들뢰즈에게 사유의 목적은 존재의 숨은 깊이를 찾는 것이 아니라 생성의 삶의 새로운 가능성을 창조하는 것이다. 이러한 창조적이고 생산적인 무의식의 흐름은 리좀(Rhyzome)에 근거하여 다양체를 만들어 나간다. 리좀은 연결접속, 이질성, 다양성, 비의미적 단절, 지도 제작, 전 사슬 등의 원리에 기초하여 탈중심화된 형식을 취한다.

---

3) Deleuze, Gilles and Felix Guattari, *Anti-Oedipus : Capitaism and Schizohprenia*, London : The Athlone P, 1984, p. 435

"나무나 나무뿌리와 달리 리좀은 자신의 어떤 지점에서든 다른 지점과 연결 접속한다. 하지만 리좀의 특질들 각각이 반드시 자신과 동일한 본성을 가진 특질들과 연결 접속되는 것은 아니다. … 리좀은 자신의 차원들을 바꿀 때마다 본성이 변하고 변신한다."[4]

이와 같은 무의식적 욕망의 지배를 받는 인간은 근대 철학자들이 주장하는 능동적이고 자율적인 자아가 결코 아니다. 들뢰즈는 능동적이고 자율적으로 보이는 자아, 즉 지성, 반성의 작동의 근저에는 '상상력의 수동적 종합'이 더 근원적으로 포진하고 있음을 주장한다.[5] 이때 감성은 직관들을 시공간이라는 아포리오리한 형식 내에서 제시하기 보다는 시공간의 바닥없는 조건들과 영원회귀적인 시간의 순수하고 공허한 형식으로 나타난다. 즉 수동적 주체는 능동적 자아에 의해 지배되기 보다는 이 둘은 서로 완전히 다른 타자이면서 한 자아 속에 있기에 '균열된 자아'가 된다. 그러나 텅 빈 시간의 형식으로 존재하는, 균열된 자아로 나타나는 이 들뢰즈적 자아는 근대적인 능동성의 종합의 힘을 잃어버린 무기력한 자아가 아니라 자신의 내부 속에서 무한한 자기 생성, 자기 확장의 힘의 논리를 가진 자아이다. 즉 이러한 자아는 다수적이고 복수적인 것을 긍정하는 니체의 디오니소스적 자아이다. 이처럼 들뢰즈의 균열된 자아는 더 이상 자신을 원형을 구하거나 자신의 통일된 동일성의 모습으로 스스로의 정체성을 구가해나가는 근대적 자아의 모습이 좌초했음을 보여주는 것이다.

---

4) Deleuze, Gilles and Felix Guattari, *A Thousand Plateaus : Capitalism and Schizohprenia*, Minneapolis : U of Minnesota P., 1987, p. 21
5) Deleuze, Gilles, *Difference et Repetition*, Presses Universitaires de France, 1985, p. 103

IV. 페미니즘적 주체에 대하여

바로 이러한 들뢰즈의 생성철학에 기초하여 코기(Pamela L. Caughie)는 『버지니아와 포스트모더니즘』에서 울프를 근본적으로 고정되지 않은 본성의 소유자라며, 울프가 '연 500파운드와 자신만의 방'을 가지고 실험적인 방법으로 끊임없이 생성하면서 온 힘을 다해 자신의 전 작품에서 구현한 것이 바로 되기(생성) 철학이라고 주장한다.6) 『올란도』는 빅토리아조 사회의 문학의 엄격함에 대한 하나의 혁명적 실례임을 보여 주는 작품으로 주인공 올란도는 젠더를 가로지르고, 시간과 공간을 초월하면서 각각의 생성블록들은 자유자재로 존재의 본질을 바꾼다. 즉 올란도는 고정화되지 않는 하나의 자아이자 수천, 수 만개의 성으로 살아온 유목민적 주체이다.

프랑스 대표적인 페미니스트인 크리스테바 역시 들뢰즈의 철학에 기초하여 들뢰즈가 주장하는 균열된 자아라는 개념을 페미니즘적 여성 주체 개념으로 적극 수용한다. 크리스테바는 여성은 본질적으로 존재할 수 없다는 사실을 인식하는 것이 중요하다고 보며, 여성을 재현될 수 없는 존재, 말해지지 않은 존재, 이름 짓기와 이데올로기 바깥에 남아있는 존재로 규정한다. 즉 크리스테바에게 있어서 여성은 균열된 자아로서, 규정 불가능하면서도 아직 하나의 정돈된 우주로 통일되지 않은, 양분을 공급하는 모성적인 그 무엇으로 보여지는 코라이다.7)

---

6) Caughie, Pamela L., *Virginia Woolf & Postmodernism : Literature in Quest & Question of Itself*, Urbana : U of Illinois, 1991, p. 72
7) J. Kristeva, 『시적 언어의 혁명』, 김인환 옮김, 동문선, 2000, 24쪽

V. 올란도에 대한 페미니즘적 해석에 대한 비판

그런데 버지니아 울프가 그려낸 올란도라는 인물이 위와 같은 페미니스트들이 주장하고 있는 바와 같이 단순히 자기의 본성을 변화시키고 변신하는 존재이기만 한 것이냐는 의구심을 가질 수 있다. 물론 이러한 주장들은 울프가 그린 주인공이 고정화된 자아로서의 근대적 자아개념을 비판한 것이라는 점에서는 타당한 것이지만, 울프가 환상적 기법을 통해 보여준 자아의 개념과 정확히 일치하지는 않는다. 왜냐하면 올란도는 끊임없이 변신함에도 불구하고 정신적 발전, 또는 자아완성이라는 근대적 개념을 부분적으로 수용하고 있기 때문이다. 다시 말해 올란도는 무조건적으로 변화하는 자아라기보다는 이전의 자아의 부정적 측면을 버리고, 긍정적 측면을 보존해 나가는 발전적 자아이기도 하다는 점에서 들뢰즈의 리좀 개념과는 동일하지 않다. 이것은 울프가 기존의 남성중심적 세계관을 거부했음에도 불구하고 당시 문화의 긍정적 전통을 수용하고 있음을 보여주는 하나의 예이다.

위에서 살펴본 바와 같이 올란도가 여왕의 총애를 받는 미소년에서 한 여인을 사랑하고 배신을 경험하는 청년으로, 시골 저택에서 창작에 몰두하는 예술가에서 공무에 전념하는 대사로서, 그리고 남성에서 여성으로 성전환하는 과정 등등에서 항상 거대한 자연 재해가 일어나거나 깊은 혼수상태에 빠지는데, 이러한 재해나 혼수상태는 단순히 이야기의 재미를 위해 작품에 넣은 것이 아니라 주인공의 삶에 커다란 계기가 주어져서 정신적으로 대단한 각성 내지 성장을 할 때마다 일어나는 것이다. 다시 말해 혼수상태에 빠질 때마다 주인공은 질적인 비약으로서의 정신적 성장을 하게 되는 것이며, 페미니즘적 측면에서 보면 남녀 양성간의 이상적인 상태인 양성적 상태에 조금씩 다가가는 것이라고 할 수 있다.8)

그런데 올란도가 하나의 성에서 양성적 존재로 발전해 나갈 때에, 여성이었다가 남성으로 변하는 것이 아니라 남성이었다가 여성으로 성전환되는 측면도 결코 간과될 수 있는 것이 아니다. 미소년 올란도가 사랑에 실패하는 것은 아직 충분히 정신적으로 성숙하지 못한 남성, 즉 사랑을 아직 소유와 집착의 관점에서 접근하기 때문이며, 닉 그린을 만나 남성들의 헛된 명예심을 떨쳐버리게 되는 것도 올란도가 허영심과 공명심을 갖고 있었기 때문이다. 또한 대사로서의 삶을 통해 공허하기만 한 공직 생활과 전쟁의 불합리성을 깨닫게 되는 올란도 역시 남성의 덕목을 추구한 과정의 결과인데, 이 모든 남성으로서의 경험은 그 다음 단계 여성으로의 전환을 위한 발판이 된다.

지금까지의 일반적인 상식에 의하면 남성은 여성에 비해 정신적 성숙의 측면에서 여성보다 훨씬 우월한 존재이다. 고대의 플라톤과 아리스토텔레스뿐 만 아니라, 근대의 칸트와 헤겔과 같은 철학자들이 언급한 바와 같이 진리를 파악하는 이성의 능력과 윤리적 존재로서의 자율성과 합리적 실천능력은 남성이 구비하고 있는 능력으로 여성은 이러한 점에서 열등한 존재일 뿐이다. 그러나 버지니아 울프는 이러한 통념을 뒤집어 정신적 성숙의 잠재력의 측면

---

8) 박희진, 『버지니어 울프 연구』, 솔, 1994, 105쪽

에서 여성을 남성보다 더 우월한 존재로 보고 있다. 이것이 바로 올란도를 여성에서 시작하여 남성으로 변하는 것이 아니라 남성에서 시작하여 여성으로 변하게 한 이유라고 보아야 한다. 울프는 『자기만의 방』(1929)을 출간하고 일년 남짓 지난 후에 구상된 『3 기니』(1938)에서 야망과 권력과 같은 남성 전용의 욕망들을 버리고 얻게 된, 여성의 가난과 무식이 오히려 인간 정신이 알고 있는 가장 고양된 환희들, 즉 '명상, 고독, 사랑'을 완전히 즐길 수 있게 만들 수 있다고 강조하고 있다.9)

이러한 울프의 독창적이며 혁명적인 시각은 남성들이 독점하고 있는 명성에 대한 예리한 비판과 궤를 같이 하고 있다. 울프는 『올란도』에서 '명성의 노예가 아닌 자만이 진리를 추구할 수 있고, 진리를 말할 수 있으며, 그만이 자유롭고, 그만이 믿을 만하고, 그만이 평화를 누린다.'10)고 말하고 있을 정도로 명예욕에서 자유로운 여성에게서 더 커다란 가능성을 본다. 결국 돈과 명예와 권력을 갖지 못한 여성들이 내면적인 자기성찰에 더 충실할 수 있으며, 남성들의 자아, 즉 자기의 이기적 욕망에 갇혀있는, 닫힌 자아가 추구하는 진리가 아닌, 타인에 대한 사랑에 충실한, 외적 욕망이 아닌 고독 속에서의 명상을 통해 얻어지는 진리, 그것이 바로 전인적 인격의 성장으로의 길임을 분명히 한다. 따라서 이러한 울프의 독창적인 관점은 올란도가 왜 여성에서 남성으로 성전환되지 않고, 남성에서 여성으로 바뀌느냐에 대한 설명이 될 수 있다.

또한 남성에서 여성으로 성전환하는 올란도는 아무런 통일성이

---

9) Woolf, Virginia., Three Guineas, New York : A Harbinger Book, 1963, pp. 104-105
10) Woolf, Virginia., *Orlando*, New York : A Signet Classic, 1963, pp. 67-68

나 일관성을 갖지 않는 인물이 아니다. 올란도가 처음부터 끝까지 변하지 않는 점이 있다면, 그것은 그(녀)가 귀족이고 시인이라는 점이다. 이 작품은 일종의 정신적 자아의 자서전이기 때문에 그(녀)가 귀족이라 함은 귀족이 갖는 정신적 자질, 즉 어떤 유혹 앞에서도 굴복하지 않는 당당함과 비굴하지 않는 자존감, 어떠한 어려움 속에서도 좌절하지 않는 용기를 갖는다는 것을 의미하며, 올란도는 무엇보다 궁극적으로 정신적 가치를 추구하는 시인이다. 그런 점에서 올란도는 나중에 귀족이라는 신분을 벗어 던지지만, 귀족이라는 정신적 자질을 간직하고 있는, 귀족 혈통의 일반 시민으로서의 여성으로, 그리고 시집을 출간하는 시인으로서 자서전이 마무리되는 것이다.

VI. 울프의 양성적 인간관과 페미니즘적 주체

전기소설로서의 『올란도』에서 주인공 올란도의 생애가 16세의 미소년에서 시작하여 36세의 여인으로 끝이 나는 측면에 대해서도 주의를 요할 필요가 있다. 일반적으로 전기는 생물학적 탄생에서 시작하여 죽음으로 마무리된다. 그러나 울프는 어디까지나 정신적 성장과정을 그리려고 하기 때문에 정신적 성장이 시작되는 16세의 미소년에서 출발하여, 전인적 인격이 완성되는 36세의 여인으로 이야기를 마무리 짓고 있다. 그러나 불과 20년이라는 신체적 연령의 진행이 정신적으로는 약 340년에 걸친 발전을 의미하는데, 이러한 울프의 획기적 시도 역시 기존의 전기가 생물학적인 차원에만 머물러 있는 것에 대한 의도적인 풍자로 파악해야 할 것이다. 이렇게 볼 때 올란도는 몇 세기에 걸쳐 문화적 자산을 수용해 나감으로써 정신적으로 발전해 나가는 한 보편적인 인간이라고 할 수도 있고, 동시에 점진적으로 질적인 비약을 통해 양성적 존재로 완성해 나가는 한 남성, 또는 한 여성이라고도 할 수 있다.

기존의 가부장제 사회에서 남성들이 누렸던 영광과 그 이면에서 그들의 자아를 질곡했던 여러 가지 한계들을 극복해내고, 이와 더불어 여성들에게 씌워졌던 올가미들을 벗어던지고 명상을 통해 삶의 진정한 비전을 얻어낸 올란도. 이렇듯 험난하고 오랜 과정을 통해 이제 그(녀)는 남성으로서의 힘과 여성으로서의 우아함을 얻어냈으며, 남성의 미덕인 솔직함과 담대함, 여성의 미덕인 신비로움과 섬세함을 모두 갖춘 양성적, 전인적 인간으로서 여태까지 인류가 맛보지 못한 새로운 삶, 새로운 사랑의 경지 그 바로 앞에 서 있는 것이다.

이와 같이 울프가 이상적 인간으로 바라본 양성적 인간은 올란도와 비슷한 시기에 쓰여진 『등대로』((1927)에서도 그대로 엿볼 수 있다. 사실의 논리밖에는 믿지 않는 철학자 램지 씨가 자신의 저서가 언제까지 읽힐 것인가를 염려하는 허영심과 진실만을 지키고 타인의 감정 따위는 쉽사리 무시하는 이기주의를 구현하고 있다는 점에서 남성의 원리를 대변한다면, 램지 부인은 누구를 막론하고 행복하게 해주고 싶은 욕구로 꽉 차 있는 여인으로 활기를 사람들에게 불어넣어주려고 열심인 나머지 때로는 현실을 환영화시키기까지 하는 예민하고 섬세함을 갖춘, 여성의 원리를 대변하는 인물이다. 일종의 램지 부인의 정신적 딸이라 할 수 있는 독신녀 화가인 릴리는 이 두 사람의 원리를 꿰뚫고 자기 안에 조화를 도모하여 양성적인 상태에서 예술 작품을 창조해낼 수 있는 경지에 다다르게 된다. 그리고 이때 릴리가 더 가치를 부여하고 있는 것은 당연히 램지 부인이 대변하고 있는 강렬한 인간애와 무한한 생명력을 한 몸에 구현하고 있는 여성적 가치인 것이다.

흥미롭게도 울프는 예술 작품을 창조하기 위해서 여성적인 측면과 남성적인 측면이 모두 필요하다고 보고, 코올리지와 셰익스피어의 우수성을 그의 양성적인 정신세계에서 찾고 있다.11) 그런데 마릴린 파웰(Marilyn Farwell)은 울프의 양성론을 여성성과 남성성의 용해로 해석하면서 여성적인 요소가 녹아들어서 남성적인 요소 쪽으로 기운다는 전제를 하고 있다. 파웰은 울프가 자기만의 방에서 박탈과 예민성이라는 여성 작가의 특이성을 주로 묘사하다가, 마지막 장에서는 이것을 버리고 양성을 화해시키는 수단으로 양성론을 제시하고 있다고 해석하면서, 이 양성을 용해시키는 과정에서 여성의 특이성을 파괴하는 성향이 짙다고 말하고 있다.12)

그러나 우리가 이미 『올란도』와 『등대로』에서 살펴보았듯이 울프는 남성적인 측면보다 여성적인 측면에 훨씬 더 커다란 가치를 부여했다. 다만 울프가 예술가의 창작 행위에는 램지 부인과 같은 소박하고 낭만적인 환영주의적 현실관만으로는 부족하고, 현실에 대한 냉정한 시각을 간직한 남성적 원리라고 생각할 뿐인데, 이 부분을 파웰이 잘못 해석한 것으로 보아야 한다.

---

11) Woolf, Virginia., *A Room of One's Own*, New York & Burlingame : Harcourt, Brace & World, Inc.,1957, pp. 102-103
12) Farwell, Mariln R., "Virginia Woolf and Androgyny", *Contemporary Literature* 16, 1975, pp.433-451

VII. 결론

질 들뢰즈는 『올란도』에 나타나는 '환상'은 지배담론을 통해 반복 재생산되는 균질적인 세계상에 균열을 내는 전복적인 일면을 갖는 것으로, 결국 '욕망의 대상'과 '주체'의 길항을 '현존하는 것'과 '부재하는 것' 사이의 영역에서 다루기 때문에 나타나는 것으로 파악한다. 또한 '올란도는 회상이 아니라 블록들, 나이의 블록들, 시대의 블록들, 세력권의 블록들, 성의 블록들 등 여러 블록들에 의해 작동하며, 또한 사물들 간에 수많은 생성들 또는 탈영토화의 선들을 형성한다.'고 언급하고 있다. 이러한 들뢰즈의 기본 입장을 받아들여 코기(Caugie)는 올란도라는 인물을 젠더를 가로지르고, 이질적인 요소들과 섞이면서 끊임없이 또 다른 모습을 띠는 역동적인 유목민적 주체로 보고 있으며, 크리스테바는 여성을 규정 불가능한, 규정을 거부한 존재로 파악하고 있다.

그러나 울프가 그린 인간이 고정되고 통일된 근대적 자아가 아니고 끊임없이 변화해가는 탈중심적 자아라는 점에서 코기나 크리스테바가 주장하는 페미니즘적 주체이지만, 올란도는 정신적인 완성을 향해 나가는 발전적 자아이다. 울프가 형상화하는 양성적 인간은 이러한 인간의 인격도야의 측면을 배제시키면 온전히 이해하기 힘든 개념이다. 흥미로운 점은 울프가 양성적 인간성을 실현한 올란도가 결혼을 한 상태이지만, 남편 쉘과 떨어진 상태에서 그를 그리워한다든가, 『등대로』에서 양성성을 획득한 릴리가 독신녀로서 겨우 힘겹게 자기의 작품을 완성해 내는 것으로 그리는 등, 양성성을 실현한 남녀의 사랑의 현실태에 대해서는 구체적으로 그려내

66

지 못하고 있다는 점이다. 아직 완전히 도달하지 못한, 확신을 갖기에는 아직 쉽지 않은 인간으로서의 양성적 인간, 그것이 바로 울프가 그려낸 모습이라 할 수 있다.

그렇다면 울프가 강조하는 양성적 인간이 80년대 페미니스트들이 주장하는 여성 주체와 비교해서 어떤 의미를 갖는 것일까? 울프는 많은 작품들에서 가부장 사회에서 다양한 상황 속에 놓여진 남성들의 무수한 한계들과 여성들의 한계들을 구체적으로 그려내고 있다. 페미니스트들이 투쟁적 자세로 남성들이 만들어 놓은 견고한 요새들을 부수기 위해 노력하고 있다면, 울프는 더 근본적인 문제, 즉 가부장제가 인간, 즉 남과 여에게 가하는 결정적 폐해, 결국 인간을 불구적인 존재로 만들어버리는 원죄를 고발함으로써 남성들까지 가부장제를 부숴나가는 동지로 만드는 면이 있다고 보아야 할 것이다. 인간의 삶이 어차피 다면적 차원, 다중적이고 중층적인 층위를 갖고 있는 것이라면, 가부장제에 대한 우리의 시각 역시 다차원적으로 이루어질 수밖에 없으며, 가부장제를 극복하려는 우리의 노력 역시 다면적으로 이루어질 수밖에 없다고 본다.

참고문헌

_ 박희진, 『버지니어 울프 연구』, 솔, 1994

_ 크리스테바, 『시적 언어의 혁명』, 김인환 옮김, 동문선, 2000

_ Caughie, Pamela L., Virginia Woolf & Postmodernism : Literature in Quest & Question of Itself, Urbana : U of Illinois, 1991

_ Deleuze, Gilles and Felix Guattari, Anti-Oedipus : Capitaism and Schizohprenia, London : The Athlone P, 1984

_ Deleuze, Gilles and Felix Guattari, A Thousand Plateaus : Capitalism and Schizohprenia, Minneapolis : U of Minnesota P., 1987

_ Deleuze, Gilles, Difference et Repetition, Presses Universitaires de France, 1985

_ Farwell, Mariln R., "Virginia Woolf and Androgyny", Contemporary Literature 16, 1975

_ Showlater, Elaine., A Literature of Their Own, Britisch Women Novelists From Bronte to Lessing, Princeton, New Jersey : Princeton University Press, 1977

_ Woolf, Virginia., A Room of One's Own, New York & Burlingame : Harcourt, Brace & World, Inc., 1957

_ Woolf, Virginia., A Writer's Diary, London : The Hogarth Press, 1954

_ Woolf, Virginia., Orlando, New York : A Signet Classic, 1963

_ Woolf, Virginia., Three Guineas, New York : A Harbinger Book, 1963

이미지 출처 : 네이버 영화
배급 : (주)팝엔터테인먼트

1.

세상을 밝히는 마술로서의 여성성
- 퍼시 애들론 감독의
  〈바그다드 까페〉에 대하여

1987년 작 〈바그다드 까페〉의 주인공 야스민(마리안느 제게브레이트 분)은 독일에서 건너와 미국 라스베가스를 여행하던 중 남편과 싸우고 혼자 광활하고 삭막한 사막 한가운데에 버려진다. 무거운 가방을 끌며 정처없이 걷다가 '바그다드 까페'에 도착하는데. 한편 이 까페와 모텔의 안주인 브렌다(C.C.H 파운더 분)는 고장난 커피 머신을 고쳐 오지도 못할 정도로 무능한 남편을 큰 소리로 내쫓아 버린다. 브렌다는 차도 없이 혼자 걸어서 이 모텔에 도착한 야스민을 이상하게 여기고, 그녀가 머물고 있는 방에 이상한 남성용 옷들이 가득하자 도둑으로 의심해 경찰을 부른다. 그러나 아무 문제가 없어 경찰은 가버리고, 브렌다가 까페를 비운 사이 야스민은 온통 지저분한 브렌다의 사무실을 깨끗이 청소한다. 밖에서 돌아와 자기 사무실이 변한 걸 보고 노발대발하는 브렌다. 야스민은 브렌다를 피해 자기 방으로 와선 마술놀이를 하며 마음을 달랜다. 한편 옷에 대해 관심이 많은 브렌다의 딸이 야스민의 방에 들어오자 야스민은 자기가 갖고 있는 옷들을 그녀에게 빌려주며 그녀와 가까워진다. 또 늘 피아노 치는 아들에게 시끄럽다고 호통만 치는 브렌다와 다르게 야스민은 그의 피아노 치는 소리를 이해하고 옆에 와 진정으로 귀 기울여 듣는다. 또 모텔 옆 이동식 간이 주택에 살고 있는 전직 헐리우드 세트장 페인터는 야스민에게 관심을 갖게 되고 야스민에게 모델이 되어달라고 부탁한다.

그러던 어느 날 야스민은 까페 손님에게 우연히 마술을 보여 주게 되는데, 소문이 퍼지면서 점점 더 많은 손님들이 까페에 몰려들기 시작한다. 이에 소문을 듣고 경찰이 찾아와 야스민의 여행 비자 기간이 끝났음을 알린다. 결국 까페를 떠나는 야스민. 야스민이 없는 까페는 다시 활기를 잃어버리고 만다. 야스민을 그리워하는 브렌다.

시간이 지나고 결국 바그다드 까페를 다시 찾아오는 야스민. 누구보다 반가워하는 브렌다. 까페에 다시 수많은 손님들이 몰려들고, 함께 화려한 쇼를 펼치는 까페 식구들. 야스민을 그리던 나이 먹은 화가는 야스민의 방을 찾아와 여기 오래 머물 수 있게 자기와 결혼해 달라고 청혼한다. 야스민은 브렌다에게 물어보겠다고 대답하며 영화는 끝이 난다.

거칠고 황량한 사막처럼 버려진 폐허가 되다시피 한 바그다드 까페. 이 까페에 사는 사람들의 내면 풍경 역시 황량하기 그지없다. 그들은 피를 나눈 가족이거나 아니면 혼자 방랑자처럼 기거하는 이방인이지만 제각기 서로에게 무관심하거나 서로에게 화를 내며 살아간다는 점에서는 모두 동일하다. 이들의 중심축을 이루는 안주인 브렌다는 한시도 쉬지 않고 귀청이 떨어질 듯 시끄러운 악다구니와 잔소리를 해대는데. 포악한 남편과 헤어져 혼자 이곳에 온 야스민의 부드러운 여성성은 이곳의 풍경을 완전히 바꾸어 놓는다.

대부분의 인간의 행위는 선순환을 선순환으로 이어주거나 혹은 악순환을 악순환으로 이어주는 경우가 많다. 악순환의 고리를 끊고 새로운 선순환의 흐름으로 전환시키거나, 선순환의 고리를 끊고 악순환의 고랑을 파는 일은 결코 쉬운 일이 아니다. 거칠고 더러운 환경을 바꾸고, 고립되고 불행한 가슴에 따뜻한 온기를 불어넣는 야스민의 행위는 주위 사람들의 삶에 악순환의 고리를 끊고, 선순환의 흐름으로 바꾸어 놓는 마법과도 같은 행위이다.

이처럼 인간의 삶에 선한 흐름을 만들어 내는 정신적 가치는 크게 두 가지로 나뉜다. 첫째, 합리적인 사회 질서와 규칙을 만들고, 보편적인 윤리규범과 공정한 게임의 룰을 정하는 가치로서, 이것은 주로 남성들이 이룩해 낸 남성적 가치들이다. 둘째, 서로를 이해하고 공감하며 배려하고 보살펴주는 행위를 가능케 하는, 주로 여성들이 실천해 온 여성적 가치들이다. 합리적이고 보편적인 질서와 법, 윤리를 만들고 지키는 남성적 가치가 주로 공적 공간에서 불특정 다수를 대상으로 하는 것인 반면 여성적 가치는 내 옆에 있는 개개인의 내면적 필요와 요구에 섬세하게 반응하며 공감해 준다는 점에서 여성적 가치는 남성적 가치와 다르게 개개인의 삶의 행복에 직결되는 가치이다.

야스민은 밖으로만 도는 브렌다의 딸이 가진 옷에 대한 관심에 호응해 줌으로써 그녀를 가족 구성원으로 이끌고, 엄마의 잔소리를 나몰라라 하면서 피아노에만 열중하는 브렌다의 아들의 피아노에 대한 열정을 깊이 공감함으로써 그에게 생기를 불어넣는다. 또 야스민은 예전에 헐리우드 세트장에서 칠을 했지만 지금은 그저 놀고먹는 나이든 화가에게 모델이 되어 줌으로써 그를 진정한 화가로 거듭나게 해준다. 이처럼 개개인의 실제 생활에서의 진정한 행복을 가져다주는 야스민의 행동은 그녀의 내면 속에 들어있는, 그녀의 육체만큼이나 풍부한 여성성의 산물이다.

또한 마지막 부분에 나오는, 화가는 조명등을 들고, 아들은 피아노를 치고, 딸은 서빙을 하며, 야스민과 브렌다가 함께 노래하는 공연은 새로운 가족 공동체의 탄생을 알리고, 고단한 일상의 피로를 유쾌하게 씻어내는 손님들까지 모두 함께 엮어냄으로써, 여성적 가치가 갖는 또 하나의 힘인, '가족관계의 중심', 또는 '인간관계의 직조자'로서의 여성성을 마법처럼 보여주고 있다.

2.

영원히 모성적인 것이
우리를 영속으로 이끈다.
- 페드로 알모도바르 감독의
〈내 어머니의 모든 것〉에 대하여

1999년 칸 영화제에서 감독상을 수상한 페드로 알모도바르의 〈내 어머니의 모든 것〉은 매우 독특한 인물들의 범상치 않은 삶의 이야기들이 가로 세로로 촘촘히 얽힌 색다른 풍경을 우리에게 제공한다. 그 풍경은 한때 전위 연극에 심취했던 키치적 취향의 감독만이 그려낼 수 있는 이미지이기 때문에, 제도권적 틀 내에 사유와 감성이 갇혀 있는 관객들에게 있어선 가히 충격적일 수도 있다.

　주인공 마뉴엘라(세실리아 로스)는 간호사로 아들 에스테반과 단 둘이 살고 있다. 작가를 꿈꾸는 에스테반은 17번째 생일 날 엄마와 함께 연극을 보러 갔다가 흠모하던 여배우 우마에게 다가가다가 교통사고로 죽고 만다. 충격에 빠진 마뉴엘라는 아들의 유품을 정리하던 중 아들의 일기장에서 아버지에 대한 그리움을 발견하고는 남편을 만나기 위해 바르셀로나로 간다. 그녀는 남편이 돈 벌러 떠났다가 가슴이 달린 여자의 모습으로 돌아오자 임신 사실을 숨긴 채 마드리드로 떠나왔었던 것.
　바르셀로나에서 성전환 수술을 하고 여성(창녀)으로 살아나가고 있는 옛 친구 아그라도를 만나 그녀에게서 그녀의 남편, 롤라가 모든 재산을 훔쳐 달아났다는 사실을 알게 되곤 분노한다. 한편 일자리를 구하던 마뉴엘라는 성당에서 일을 하고 있는 수녀 로사를 만나게 되는데, 로사가 에이즈에 걸린 채 임신을 한 상태이며, 아이의 아빠가 바로 롤라임을 알게 되곤 경악을 금치 못한다. 그러나 부유한 자기 집에 가지 않으려는 로사. 마뉴엘라는 로사를 정성껏 간호하게 된다. 한편 아들이 좋아했고, 또 과거에 자신이 공연을 했었던 연극을 보러 가서 만나게 된 여배우 우마를 아들에 대한 추억과 상처를 뒤로 하고 도와주게 되는 마뉴엘라. 우마는 나이어린 동료 배우인 니나를 사랑하고 있는데, 니나는 마약에 중독되어 벗어나지 못하고 있다. 니나 대신 우마를 돕게 되지만, 로사를 간호하기 위해 친구 아그라도를 우마에게 소개해 주는 마뉴엘라. 결국 우마는 여배우의 권좌에서 내려와 마뉴엘라와 친구 사이가 된다. 결국 아기를 낳다가 로사가 죽게 되자 장례식장에 와서 울고 있는 롤라를 만나게 된 마뉴엘라. 그녀는 롤라에게 아들이 아버지에 대해 쓴 습작 노트를 보여준다. 회한에 눈물짓는 롤라. 마뉴엘라는 로사의 아이를 로사의 외가 집에서 기르는 것이 힘겹게 되자 혼자 다시 마드리드로 아기를 데리고 가서 기른다. 2년 후 다시 바르셀로나에 나타난 마뉴엘라, 우마, 아그라도에게 아기가 에이즈 검사에서 음성 판정을 받았고, 회복의 가능성이 많음을 알려준다. 그리고 마지막으로 니나가 고향에 돌아갔다는 것, 로사의 어머니가 상당히 변했다는 사실을 전해주면서 영화는 끝이 난다.

이 영화에 나오는 사람들은 대부분 우리가 일반적으로 알고 있는 정상적인 사람들이 아니다. 성전환 수술을 한 아그라도나 롤라, 마약 중독자인 니나나 에이즈에 감염된 로사는 물론이거니와 그들 중에서 가장 부르조아 사회의 혜택을 누리고 있는 여배우 우마나 로사의 엄마도 예사롭지 않은 내면을 갖고 있다. 여배우 우마는 니나를 사랑하는 동성애자이며, 로사의 엄마는 로사의 사랑과 신뢰를 전혀 얻지 못하고 있다 (이렇게 된 연유에 대해서 영화는 별로 정보를 제공해 주지 않고 있지만, 미루어 짐작할 수 있는 것은 그녀의 엄마가 매우 보수적이라는 것 정도이다). 주인공 마뉴엘라는 간호원이지만, 그녀는 과거에 연극 배우 경험이 있는 창녀였다. 스페인을 대표하는 감독 중 하나인 알모도바르 감독은 마치 우리의 밑바닥 가슴 속에는 이처럼 결코 제도화될 수 없는 어떤 본능이 자리 잡고 있다고 웅변하고 있는 것 같다. 제도화될 수 없는 본능을 갖고서 제도 속에서 살아야만 하는 가련한 인간이라는 존재가 빠지게 되는 곳곳의 함정들, 그리고 그 안에서의 몸부림.

 이 영화의 주된 줄거리는 마뉴엘라가 죽은 아들의 글을 보여주고자 남편 롤라를 만나게 되는 과정을 중심으로 꾸며져 있다. 남편 롤라가 살아가면서 하나하나 뱉어낸 삶의 행적은 마뉴엘라의 말 그대로 '여자와 남자의 모든 단점을 가진, 인간이 아닌 전염병'이 퍼져 나가는 과정이라고도 할 수 있다. 마드리드에서의 그녀의 직업이 간호사였던 것처럼 어찌 보면 마뉴엘라의 삶의 궤적은 그대로 남편 롤라가 퍼트린 전염병을 하나하나 고쳐나가는 과정이기도 하다. 그녀는 롤라가 임신시켜 낳게 된 아들을 홀로 훌륭하게 키워내고, 롤라에 의해 가진 재산을 모두 도난당한 아그라도의 몸과 마음을 돌봐주고, 롤라가 두 개의 유방을 가진 주제에 무책임하게 씨를 뿌린 로사의 아이를 거둔다. 아들에 대한 사랑과 다른 이들에 대한 우정과 배려이외에는 아무런 욕망도 갖지 않은 채, 남편이 뿌린 다른 여자의 아이를 자기 아이처럼 거두고, 끝내는 악마의 화신과도 같은 남편까지 수용해 내는 그런 사람이 과연 현실적으로 존재할 수 있을까 하는 생각이 드는 것도 사실이다. 그러나 확실한 것은 알 수 없는 본능의 힘에 이끌려 모두들 힘겹게 살고 있는 이 세상을 그나마 살아갈 만한 곳으로 만들어 나가는 그녀의 모성적 본능에 대해 감독은 눈물겹게 찬양하고 있다는 것이리라.

 그런데 천사 같은 내면을 가진 마뉴엘라와 천사 같은 외양을 가진 로사는 왜 그런 남자를 사랑하게 되었을까? 영화 제일 끝 부분에 나타난, 그토록 많은 이들을 고통 속에 빠트린 롤라의 얼굴 속에서 우리는 악마의 모습을 찾기 어렵다. 여성으로서도, 또 남성으로서도 아름다운 그가 흘리는 눈물 속에서 우리는 거짓을 발견할 수 없다. 그를 이끄는 악마적 본능을 그도 모르고 있음에 분명하다. 삶은 왜 이리도 어렵고 아이러니한 것일까!

이미지 출처 : 네이버 영화

배급 : (주)마운틴픽처스

3.

진실과 거짓 사이, 그 깊고 깊은 심연

- 마이크 리의

   〈비밀과 거짓말〉에 대하여

인생을 살다보면 어쩔 수 없이 드는 느낌, 그것은 바로 '참 인생 별 거 아니다.'라는 느낌이다. 꿈 많은 청소년이거나, 혹은 엄청 철없이 그저 나이만 먹어버린 어른이 '자기 인생이 정말 대단한, 그 무엇'일 거라는 착각 속에 빠질 수 있을 뿐, 우리의 인생, 참 별거 아니다. 그러니까 그저 태어나서 아기를 낳고, 혹은 못 (또는 안) 낳고 살다가 늙어서 죽는 것, 그것뿐이다. 이런 인생에서 고아를 제외하고 우리와 일생을 함께 하는 사람은 가족뿐이다. 그런데 대부분의 가족이 그러하듯이 우리의 가족생활은 그다지 행복하지 못하다. 아니 행복은커녕 자기도 의식하지 못하면서 남들도 주지 않는 상처를 서로에게 끊임없이 그어댄다. 내가 준 상처 때문에 가족이 괴로워하는 것을 보는 것에서 우리가 기쁨을 느낄 리 없다. 그러나 나도 모르는 힘에 이끌려 우리는 계속 똑같이, 반복적으로 서로에게 상처를 준다. 아마도, 그러하기에 우리의 삶은 행복하기가 쉽지 않으리라.

마이크 리의 〈비밀과 거짓말〉은 가족에게서 사랑과 위안을 구하지만, 번번이 좌절되고 마는 가족 내의 인간관계, 그 촘촘한 그물망을 현미경처럼 가까이 다가가 섬세하게 그려 낸다. 양어머니의 죽음 이후 친엄마를 찾아보고 싶은 욕구를 느낀 젊은 흑인 여성 홀텐스(마리아 진-뱁티스티 분)는 입양 일을 맡아 하는 사회사업가를 만난다. 친부모가 본인을 전혀 만나고 싶어 하지 않을 지도 모른다는 충고에도 불구하고 직접 친엄마를 찾아 나선 홀텐스. 홀렌스는 자기 엄마가 백인이라는 사실을 알고는 놀라움을 금치 못한다. 한편 홀텐스의 친엄마인 신시아(브렌다 브레딘 분)는 공장 노동자로 거리 청소부인 딸 록산과 함께 힘든 나날을 꾸려가고 있지만, 엄마를 잔소리만 하는 노인네로 간주하는 딸과 늘 불화 속에 살고 있다. 뿐만 아니라 신시아는 어렸을 때 어머니가 돌아가시고 남동생 모리스와 아버지를 위해 자신을 희생

하며 살았음에도 불구하고 모리스와 서로 왕래 없이 살고 있다.

모리스는 모니카와 결혼해서 성공한 사진사로 부유하게 살고 있음에도 불구하고 아직 아기가 없는 상태에서 모니카는 오로지 새로 이사한 집을 치장하는 데에 몰두하며 살고 있다. 모리스는 자기를 사랑으로 보살펴주었던 누나와 가까이 하고 싶지만, 모니카와 누나의 사이가 좋지 않아 가까이 지내지 못했던 것. 그러던 어느 날 모리스는 조카 록산의 21세 생일이 얼마 남지 않았음을 기억하게 되고, 조카를 보고 싶어 하는 남편의 마음을 읽어낸 모니카는 생일 축하 바비큐 파티를 열자고 제안한다. 너무나 오랜만에 누나를 찾아간 모리스. 모리스는 누나의 사랑과 원망을 다시 확인하게 된다.

한편 용기를 내어 엄마에게 전화를 건 홀텐스. 자기가 버린 딸을 기억 속에서 지워버린 신시아와 어렵게 재회하게 되고, 신시아는 자기 딸이 흑인이라는 사실에 경악하지만 (자기 딸을 보지도 않고 버렸기 때문이다) 곧 너무나 훌륭하게 자란 딸에게 경탄을 금치 못한다.

결국 록산의 생일을 축하하기 위해 모두가 모인 날, 홀텐스를 직장 동료라고 속이고 그 자리에 초대한 신시아는 파티가 끝날 무렵 홀텐스가 바로 자기 딸이라고 실토하고 만다. 록산은 외삼촌 모리스 덕에 겨우 충격에서 벗어난다. 신시아는 자기의 과거(15살 때 만난 남자에 의해 임신을 하게 되고 그 남자는 떠나버렸다는 사실)를 털어 놓게 된다. 이때 모리스는 모니카에게 남편을 위해 아기를 낳아주지 않는다고 비난하는 시누이 신시아에게 본인이 불임임을 더 이상 숨기지 말고 밝히라고 다그친다. 비밀과 거짓이 모두 벗겨지는 충격과 고통의 시간이 지나고, 모리스는 홀텐스에게 가서 진실을 찾아 나선 용기를 칭찬한다. 침대에서 부인의 사랑을 믿지 못하는 모리스에게 다시 자기 사랑을 고백하는 모니카, 서로가 자매라는 사실에 낯설지만, 결코 싫지 않은 기쁨을 느끼는 홀텐스와 록산, 두 딸을 앞에 두고 함께 차를 나누는 신시아의 모습으로 영화는 막을 내린다.

모리스의 직업을 주로 사람들의 얼굴을 찍어주는 사진사로 설정한 감독의 연출력이 매우 탁월했음을 지적하지 않을 수 없다. 모리스가 수없이 셔터를 누르는 각양 각색의 인물사진들, 화면 전체를 가득 메우는 렌즈에 포착된 사람들의 얼굴 모습에서 부족함이 없는 행복의 모습을 발견하기는 쉽지 않다. 렌즈 앞에서 웃는 표정으로 바꾸기가 너무 어려운, 마치 화가 잔뜩 난 듯이 이미 굳어 버린 표정들, 애완동물로, 혹은 자신의 별로 아름답지 않은 섹시한 육체미로, 또는 반지나 목걸이 (부부 사진의 경우)로 자신의 존재의 기반과 기쁨을 찾으려는 사람들. 놀랍게도 사람들은 렌즈 앞에서 자기 존재의 가장 깊은 비밀을 드러낸다. 모리스는 그들에게 함박웃음을 지어보라고 얘기하지만 그들은 아예 미소를 지을 줄 모르거나, 물화된 사물 속에서 거짓 만족을 구할 뿐이다.

일상의 행복에서 묻어난 행복한 미소가 진실을 밝혀낸다고 해서 찾아질 수 있다고 생각한다면 그것은 분명 너무 나이브한 생각이다. 그러나 행복이 비밀이나 거짓이 아닌 진실에서부터 시작될 수 있다는 것은 분명한 것 같다. 입양이라는 슬픔, 아기를 가질 수 없다는 절망, 남자로부터 버림받고, 자기 아기를 버렸다는 좌절과 공포 등등. 우리 모두는 일정한 자기만의 결핍을 가지고 있다. 아이를 가질 수 없다는 사실을 숨기고 싶고, 자기 아이를 버렸다는 의식 자체를 지워버리고 싶은 유혹 때문에 그들의 자아는 찢겨지고 기형이 되고 결국에는 사랑하는 가족과의 관계에마저 상처를 남긴다. 가족들 간의 진정한 화해는 그들 모두 진실 앞에 섬으로써 비로소 가능했고, 입양이라는 은폐의 장막을 걷어낸 홀텐스의 용기가 없었더라면 불가능했다. 고통을 감내한 용기에 의해 찾아진 진실과 자기의 결핍을 숨기고 싶어 하는 유혹인 거짓 사이에는 이렇듯 커다란, 깊고 깊은 심연이 가로놓여 있다.

이미지 출처 : 네이버 영화

4.

삼 세대에 걸친
중국 여성의 삶의 역사
- 웨인 왕 감독의
  〈조이 럭 클럽〉(1993)에 대하여

연말을 맞이하여 가까운 이들, 중국에서 미국으로 이민 온 1세대와 2세대들이 모두 모여 Joy luck 파티를 벌이고 있다. 그들은 자유롭게 피아노도 치고, 맛있는 음식을 나누어 먹으며, 느긋한 마음으로 친구들과 마작을 벌인다. 주인공은 이민 1세대인 50대 중후반의 여자 친구들 4명(한 명은 작년에 죽었지만, 회상에 등장하므로)과 그녀의 딸 4명이다. 현재 그들이 벌이고 있는 파티는 그러나 기나긴 고통과 인내의 강을 건너온 뒤에 이제야 비로소 누릴 수 있게 된 소중하고 귀한 삶의 선물이다. 따라서 이 영화의 주된 내용은 그들이 건너온 험난한 삶의 여정과 고통의 순간을 함께 이겨내며 얻은 값진 성찰이다.

일 년 전에 죽은 인물로 나오는 이민 1세대 A는 중국에서 전쟁 통에 쌍둥이 딸을 버리고, 우연히 구사일생으로 살아남아 미국에 와 이 파티를 연 집주인인 딸을 정성스럽게 키운다. B는 그녀의 엄마가 가난 때문에 네 살 난 딸을 중매쟁이를 통해 부잣집 며느리로 만들지만, 떠날 자식에게 정을 주지 않으려고 10년간이나 남의 사람 대하듯 키운다. 못된 어린 남편에게 시집간 B는 임신을 못한다고 시어머니의 구박을 받지만, 꾀를 내어 돌아가신 조상님이 꿈에 나타나 이 결혼을 계속하면 남편이 죽는다고 연극을 함으로써 커다란 감옥에서 벗어나온다. C는 천하의 바람둥이인 부잣집 아들의 유혹에 빠져 결혼을 하게 되지만 계속 여자를 바꿔가며 자기를 무시하는 남편에게 절망한다. 그녀는 남편이 자기의 순결과 젊음, 사랑 모두 빼앗아 갔다고 울부짖으며 결국은 자기가 남편에게서 뺏을 수 있는 유일한 존재인 아들을 목욕물에 익사시켜 버린다. D는 자신의 엄마가 남편이 죽은 후 아는 집에서 마작을 하다가 그 집 남자에 의해 성폭행을 당했음에도 불구하고 수절하지 않은 여자로 낙인찍혀 딸을 놔두고 시댁을 나온다. 부잣집 넷째 부인이 된 그녀는 나중에 할머니가 돌아가시자 D는 딸을 데리고 시댁에 돌아와 살지만 윗 부인들의 괄시를 받으며 힘겹게 살아간다. 그러나 자기가 낳은 아들을 둘째 부인에게 뺏긴 그녀는 결국 자살함으로써 그 집안에서의 자기 위치를 강등시키고, 딸에게 확실한 위치를 남겨준다.

이렇듯 여자 넷의 이야기는 시대, 상황적 압박에서 꼼짝하지 못하고 겨우 살아남은 자들의 이야기이다. 그러나 그녀들은 전통적 남성중심의 사회제도 속에서도 삶에의 불굴의 정신과 자식을 위해 살신성인 하는 희생정신으로 이 어려운 강을 건넌다. 그러나 목숨 걸고 자기를 건져내 미국의 땅에서 제대로 된 영어를 가르치고, 더 이상 불행한 삶을 살지 않게 하려는 그들에게 가장 마지막 남은 복병은 그녀들의 딸들, 그들 속에 남아있는 의식의 한계, 바로 그것이었다.

B의 딸은 어렸을 땐 체스 챔피온이었지만, 엄마의 과도한 허영심을 보곤 체스를 그만둔다. 성인이 된 그녀는 집안이 좋은 미국남자 리치와 결혼하려고 하는데, 양가 부모님의 외국인과의 결혼에 대한 편견 때문에 고통 받는다. 그녀는 결혼식을 앞두고 미장원에서 엄마가 머리를 하는 과정에서 시댁의 눈치를 본다고 생각하는 엄마와 언쟁을 하면서 사실은 자신이 얼마나 엄마를 생각하는지 (엄마 눈치를 보는지) 모른다는 것을 실토하면서 사실 엄마처럼 되고 싶었지만, 엄마를 기쁘게 해드린 적이 없다는 자책에 시달려 온 것을 고백한다. 이에 대해 B는 딸에게 다른 무엇보다 자기 마음의 소리에 귀 기울이라고 당부하면서 딸과 화해한다.

C의 딸은 결혼생활을 네 것과 내 것으로 정확히 가르며 가계부를 적는 것처럼 살아가는 모습을 본 엄마에게서 남자를 잃어도 괜찮으니까 집을 떠나라는 충고를 받는다. C는 딸에게 사랑받아야 할 네 자신을 찾아야 한다고 말함으로써 C의 딸은 자기가 남자에게서 진정으로

원하는 것은 바로 존중과 다정함임을 깨닫는다.

D의 딸은 미국의 훌륭한 집안의 아들이며 개방적인 사고의 소유자인 테드를 만나 결혼에 성공하지만 결혼 생활에서는 자기도 모르는 사이에 두려움과 부담감 속에서 자기를 잃어간다. 그녀는 대학원을 포기하고 남편이 원하는 것들에만 몰두하고 남편을 붙들기 위해 임신한다. 더 이상 자기만의 자아를 갖지 못한 그녀에게 심각한 불만을 토로하는 남편에게 이혼을 요구하게 되는 딸에게 D는 더 늦기 전에 자기의 위치와 자기의 가치를 깨달으라고 당부한다.

마지막으로 A의 딸은 돌아가신 엄마를 회상하며 엄마는 모든 게 최고였다고 생각한다. 엄마가 살아계셨을 때 회사일(디자인 문제)로 능력 있는 웨벌리(B의 딸)과의 갈등으로 화가 머리 끝까지 난 그녀는 엄마에게 자기가 성적, 회사일, 결혼 등 실망만 안겨드려서 죄송하다고 괴로워한다. 그런 딸에게 A는 너에게 기대하는 것이 아니라 단지 잘 되기를 희망할 뿐이라고 말하는데 그녀는 엄마가 뭘 희망하시든 난 나 이상은 될 수 없다고 절망한다. A는 자기 목에 걸린 목걸이를 딸에게 건네주며 난 너의 진정한 모습을 알고 있다고 말해준다. 넌 먹음직한 걸 고르는 다른 사람과 달리 못생긴 걸 고르는, 마음이 착한 아이라고 말해준다. 이렇게 엄마를 통해 자기의 진정한 자아를 찾은 그녀는 이제 엄마를 대신해 엄마의 쌍둥이 딸을 만나면서 영화는 끝난다.

이처럼 〈조이 럭 클럽〉은 서로를 이해하고, 외적, 내적 어려움을 함께 극복해 가면서 3세대에 걸친 여성들의 진정한 유대를 얻게 되는 과정을 그리고 있다. 그들은 한편으론 자기 엄마의 삶을 통해 그녀의 고통을 진정으로 이해하고, 다른 한편으론 자기의 삶과 고통을 이해하고 진정으로 가슴 아파하며 해결책을 모색해주는 엄마의 사랑을 통해 자아를 획득해나가면서 동시에 엄마와의 내면적 탯줄을 이어가는 것이다.

이미지 출처 : 네이버 영화
배급 : 판씨네마(주)

5.

그녀를 아시나요?
- 허완화 감독의 〈황금시대〉에 대하여

허안화 감독의 〈황금시대〉(2014)는 1930년대 격변기의 중국에서 31세의 나이로 요절한 천재 소설가 샤오홍의 일대기를 그린 영화이다. 우리에겐 잘 알려져 있지 않지만, 중국에선 궁핍과 혼란의 시대의 일상 풍경을 뛰어나게 그린 여류 작가인 샤오홍에 대한 일종의 헌사와도 같은 영화이다.

샤오홍은 부유하지만 완고한 독재자인 아버지 아래에서 어린 나이에 엄마를 잃고 할아버지와의 감정적 교류 속에서 자라난다. 아버지가 원하는 약혼자를 벗어나, 사촌 형제와 사랑에 빠져 집을 떠나지만 나중에 그녀는 그에게서 버림을 받는다. 극도의 가난 속에서 전 약혼자의 도움을 받아 겨우 삶을 영위하는 샤오홍. 그러나 그 역시 집안의 반대 때문에 그녀를 떠나고 그녀는 임신을 하게 되어 아이를 낳는다. 진퇴양난 속에서 여관에 감금된 그녀는 자기의 어려운 사정을 신문사에 편지로 알리고, 신문사 편집장인 샤오쥔이 찾아오게 된다. 그녀는 그에게 그 동안 써둔 글과 그림을 보여주고, 그녀에게서 재능을 발견한 샤오쥔은 그녀에게 마음이 이끌린다. 이제 두 사람에게 가난하지만 행복한 삶이 시작되고, 두 사람은 문단에서 인정을 받게 된다.

샤오쥔의 주선으로 루쉰을 만나게 된 샤오홍. 그녀는 루쉰에게서 능력을 인정받지만, 샤오쥔은 같은 동료 문인으로서 그녀를 질투한다. 샤오홍은 루쉰의 주선으로 일본에 가 글에만 몰두하게 된다. 그러나 샤오홍은 자신을 갇힌 새장 안의 새처럼 느낀다. 그녀는 그저 안락하기만 한 상황을 황금시대라고 비유하며 냉소한다. 루쉰이 죽고 다시 중국으로 돌아온 샤오홍. 점점 긴박한 상황 속으로 빠져 들어가는 서안을 떠나 문인들이 다들 피난을 가는데도 샤오쥔은 유격대 활동을 하기 위해 서안에 남겠다고 결심하고, 샤오홍은 실망을 금치 못한다. 그녀는 서안에서 자기에게 따뜻하게 접근하고 자기의 능력을 인정해 주는 단목홍량과 마지막 사랑을 나눈다. 샤오홍은 샤오쥔의 아이를 가졌는데, 몸이 몹시 허약한 그녀는 아기를 낳자마자 그 아기를 죽이게 되고, 이제 병색이 완연한 그녀는 주위 동료들의 안타까움을 뒤로 하고 서서히 죽음을 맞이한다.

이 영화는 상당히 건조하고, 지루한 느낌을 주는, 독특한 영화이다. 마치 감독은 존재했던 사실들 -주인공의 일생 동안 일어났던 일들- 이외의 것은 조금도 영화에 담지 않으려는 듯하다. 주인공이 겪었던 일들이 거의 연대기적 순서에 따라 나열되고, 중간중간 주인공과 함께 했던 지인들이 직접 카메라 앞에 등장해 그 시기의 주인공의 모습을 발언한다. 다시 말해 감독은 이 영화를 철저히 보고서(또는 르포)식으로 촬영, 편집함으로써 의도적으로 우리 관객으로 하여금 여주인공의 감정에 감정이입해 들어가지 않은 채 일정한 거리를 두고 그녀의 행적을 관찰하게끔 만들었다. 그 결과 관객은 가감 없이, 즉 아무런 극적 과장이나 미화 없이 순도 백 퍼센트의 사실 그 자체를 마주하게 된다.

그렇다면 이 영화를 본 관객은 무엇을 느끼게 될까? 아니, 감독은 이런 방식의 영화찍기가 관객에게 어떠한 방식의 감상을 가능케 하리라 예상했을까?

짐작컨대 아마도 감독은 허구로서의 영화라는 운명에서 허구가 아닌 진실 전달 매개체로 영화를 탈바꿈시키고 싶어하지 않았나 싶다. 적어도 이 영화를 본 필자의 영화 감상에 따르면 이 영화는 격변기 1930-40년대 중국의 척박한 현실에서 오로지 낭만적 감정과 글쓰기에만 충실하고 현실적인 면면들에 대해 무지(또는 무시) 내지 무감각한 지식인 소설가인 젊은 여성의 고단하고 비극적인 삶에 대한 보고서로 다가온다.

대다수의 우리는 시대를 이끌어가는 영웅도, 난세에 자기의 인생을 현명하게 성공적으로 이끌 줄 아는 지혜로운 자도 되지 못한다. 우리는 단지 일정한 자기의 특성을 갖되 몇몇 치명적인 약점도 함께 갖고 있는 범인들일 뿐이다. 여주인공 샤오훙도 비록 뛰어난 글쓰기 재능과 문인으로서의 뚜렷한 자의식을 갖고는 있지만, 동시에 자기가 처한 상황과 앞날에 대한 투철한 인식이나 대처 없이 삶을 영위함으로써 비극적 최후를 맞이하고 만다. 더욱이 여성이라는 존재의, 누구도 대신할 수 없는, 임신과 출산이라는, 그 너무나 치명적인 운명적 굴레를 감당하지 못한 채 그녀는 두 번씩이나 자기애를 방기해 버리게 되는 처지에 빠지고 만다. 결국 그녀는 엄격한 가부장제와 험난한 격변기 시대 상황이라는 현실 속에서 여자라는 천생적 약자로서 성공적으로 살아내기에는 너무나 감정적인, 무력한 지식인 여성이다. 그러나 우리 범인들 역시 어느 누구도 완벽하지도, 그다지 이성적이지도 그다지 강인하지도 않다. 시대의 억압적 규율보다는 자기 개인의 내면의 욕구와 낭만적 감성에 충실한, 여리고 젊은 여성이 그 시대의 파고를 넘는 것은 어쩌면 애당초 그 결말이 예정되어 있는 것과 다름없으리라.

그런데 이러한 냉혹하고 냉철한 인식이 감독의 보고서식 (즉 극단적 사실주의적) 영화찍기에 의해 비로소 가능한 것일까? 주인공의 내면에 감정이입해 들어가게끔 영화를 찍는 방식은 오히려 이러한 인식을 방해할 것인가?

그렇지는 않은 것 같다. 만약 감독이 다르게 이 영화를 연출해서 관객이 주인공의 욕망 (사랑에 대한 열망과 글쓰기에 대한 열망)에 좀 더 동조적이었다면 그녀의 비극적 최후가 우리에게 좀 더 가슴 아프게 다가오지는 않았을까? 아니 적어도 지루하지 않게 영화를 보지는 않았을까, 하는 생각이 드는 게 솔직한 심정이다. 이 대목에서 생각하지 않을 수 없는 게 아리스토텔레스의 미학(드라마 작법)이다. 아리스토텔레스에 따르면 훌륭한 드라마는 단순히 연대기적 순서로 나열된 일련의 행동이 아니라 주인공의 욕망을 중심으로 조직화된, 드라마틱한 행동으로 이루어지는 것이다. 그리고 이때 중요한 것이 주인공의 욕망을 실현하려는, 확고하고 강력한 의지와 행동이다. 이런 점에서 볼 때 〈황금시대〉의 주인공의 행동은 적어도 영화상에 나타난 모습에 비추어 볼 때 매우 미약하다. 물론 그 시대 여자가 할 수 있는 행동의 한계는 명백하다. 그러나 그것이 그녀의 강렬한 열망과 실천력을 보여줄 수 없다는 것을 의미하지는 않는다.

그녀의 비극적 삶은 많은 시사점을 준다. 그러나 그것이 바로 영화로서의 성공을 의미하지는 않는다.

페미니즘 철학과 영화 분석

초판 1쇄 2016년 7월 29일

지은이 | 김영숙

발행인 | 고민정
펴낸곳 | 한국전자도서출판
주 소 | 경기도 구리시 건원대로 92, 114동 303호 출판그룹 한국전자도서출판
홈페이지 | www.koreaebooks.com
이메일 | contact@koreaebooks.com
팩 스 | 0507-517-0001
원고투고 | edit@koreaebooks.com
출판등록 | 제2016-000002호

ISBN 979-11-957758-0-4 (93680)